D1746916

Insekten
& Spinnen

Oetinger

© Verlag Friedrich Oetinger GmbH, Hamburg 2008
Alle Rechte für die deutschsprachige Ausgabe vorbehalten
Copyright © 2008 Weldon Owen Inc.
Rechte der Originalausgabe: Weldon Owen Inc.
Titel der Originalausgabe: insiders – Insects & Spiders
Text: Noel Tait
Deutsch von Christiane Bergfeld
Printed 2008
ISBN 978-3-7891-8412-3

www.oetinger.de

insider Wissen

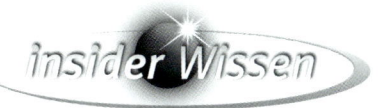

Insekten & Spinnen

Noel Tait

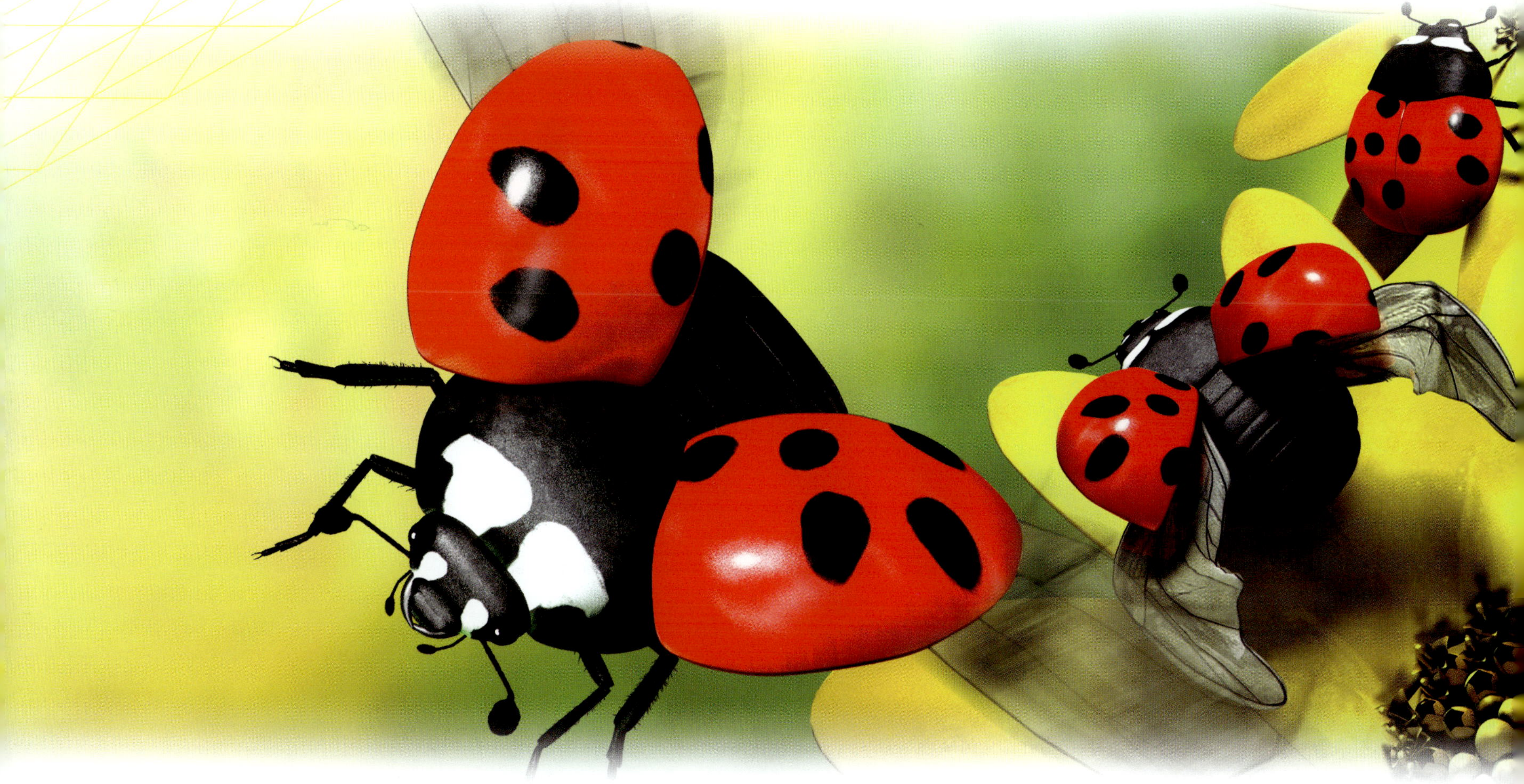

Verlag Friedrich Oetinger · Hamburg

Inhalt

insider *Basiswissen*

Insekten

Was ist ein Insekt?   8

Insektensinne   10

Auf Achse   12

Nahrung und Fressen   14

Fortpflanzung und Lebenslauf   16

Verwandlung   18

Insekten im Wasser   20

Verteidigung   22

Insektenstaaten   24

Insekten und wir   26

Spinnen

Was ist eine Spinne?   28

Webmeister   30

Klein und schnell: Die Jäger   32

Spinnen: Verteidigung   34

Spinnenleben   36

insider *Spezialwissen*

Unglaubliche Insekten

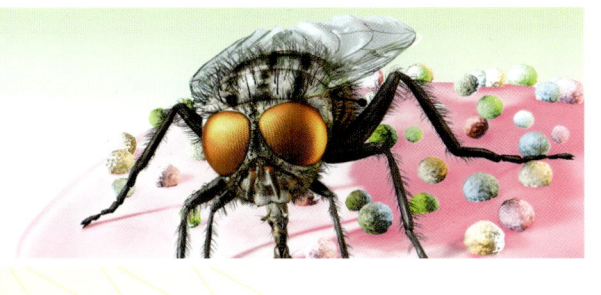

Unglaubliche Insekten

Der Monarchfalter 40

Ein ungebetener Gast:
Die Stubenfliege 42

Turmbauer: Termiten 44

Leben mit einer Kugel: Mistkäfer 46

Der Tarantulafalke 48

Plagegeister: Heuschrecken 50

Atemberaubende Spinnen

Im Untergrund: Falltürspinnen 52

Die Lassowerfer: Bolaspinnen 54

Mit Taucherglocke: Wasserspinne 56

Hüpfer auf acht Beinen: Springspinnen 58

Insekten und Spinnen:
Familien 60

Glossar 62

Register 64

insider
Basiswissen

Was ist ein Insekt?

Insekten sind die erfolgreichsten Geschöpfe auf der Erde. Von ihnen gibt es mehr Arten als von allen anderen Pflanzen und Tieren zusammen. Insekten findet man fast überall: Sie krabbeln am Boden, graben in der Erde, fliegen in der Luft – von den Polarregionen bis in die Tropen, in Wäldern, Grasland, Dschungeln und Wüsten. Insekten gehören wie die Spinnen, Skorpione, Krebse und Tausendfüßler zur Gruppe der Gliederfüßer. Diese haben kein Innenskelett zum Stützen ihres Körpers. Dafür haben sie ein hartes Außenskelett. Insektenkörper sind in drei Teile gegliedert: Kopf, Brust und Hinterleib. Die meisten ausgewachsenen Insekten sind geflügelt. Alle haben drei Beinpaare.

Ein typisches Insekt

Insekten gibt es in sehr vielen Formen und Größen, sie haben aber alle einige äußere und innere Merkmale gemeinsam. Die Abbildung rechts zeigt die Deutsche Wespe *Vespula germanica*, die unten einen Längsschnitt durch den Wespenkörper mit den Hauptorganen in verschiedenen Farben.

Antennen Damit können Insekten tasten, hören, riechen und schmecken.

Kopf Im Kopf sitzen die Hauptsinnesorgane, das Hirn und die Mundwerkzeuge. Er ist einer der merkwürdigsten Körperteile.

Ocellen Diese Punktaugen können hell und dunkel unterscheiden und die Richtung des Lichts erkennen.

Komplexaugen Insektenaugen setzen sich aus unzähligen einzelnen Facetten zusammen. Das sorgt für ein großes Gesichtsfeld und erleichtert die Wahrnehmung von Bewegung.

Brustkorb Beine und Flügel sind mit dem Brustkorb verbunden. Dort sitzen die großen Muskeln und Nerven, die das Laufen und Fliegen steuern.

Zahlenmäßig überlegen Obwohl Insekten klein sind, bringt ihre Gesamtzahl mehr Gewicht auf die Waage als die Summe aller anderen Landtiere.

Was ist ein Insekt?

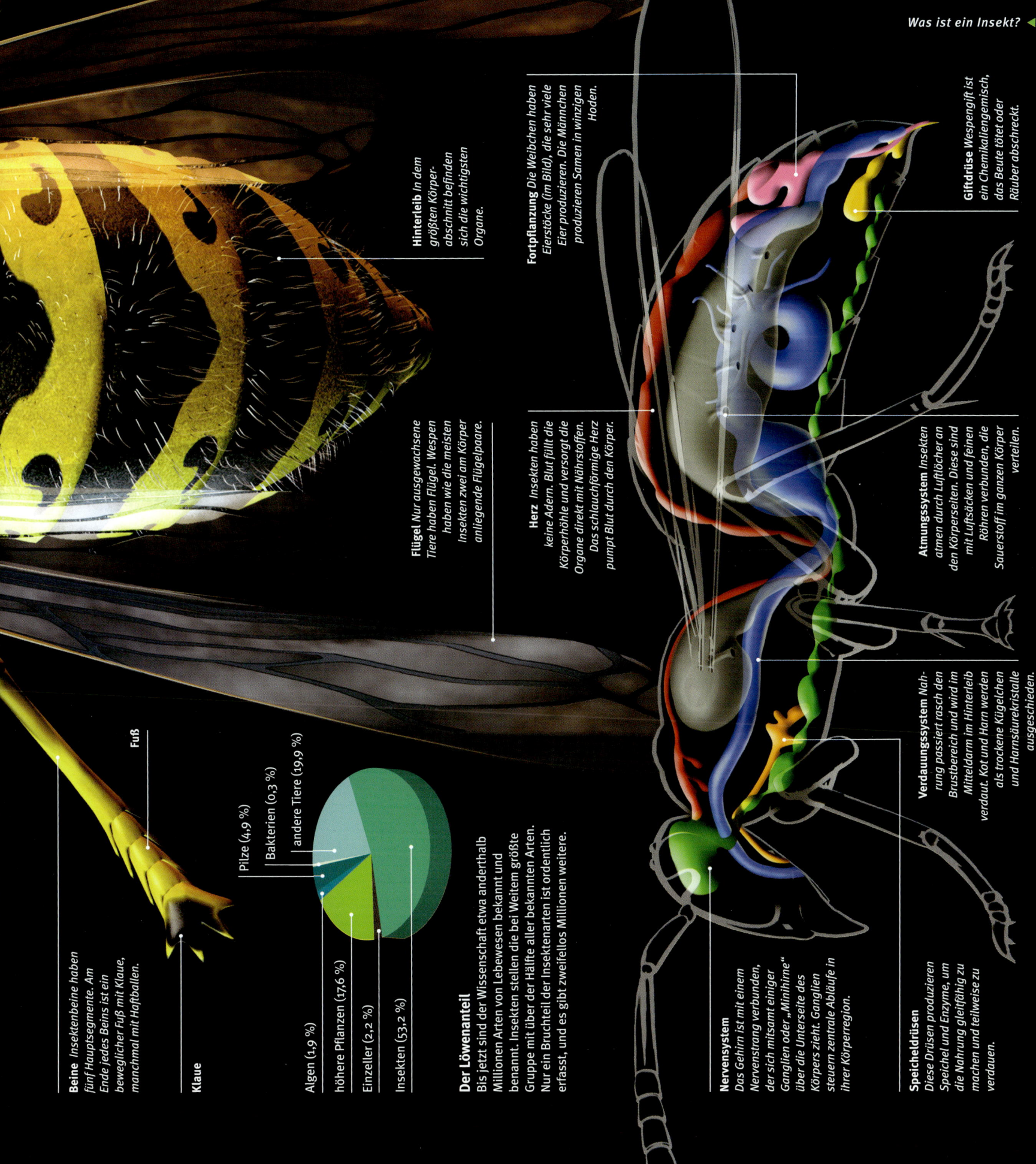

Hinterleib In dem größten Körperabschnitt befinden sich die wichtigsten Organe.

Fortpflanzung Die Weibchen haben Eierstöcke (im Bild), die sehr viele Eier produzieren. Die Männchen produzieren Samen in winzigen Hoden.

Giftdrüse Wespengift ist ein Chemikaliengemisch, das Beute tötet oder Räuber abschreckt.

Flügel Nur ausgewachsene Tiere haben Flügel. Wespen haben wie die meisten Insekten zwei am Körper anliegende Flügelpaare.

Herz Insekten haben keine Adern. Blut füllt die Körperhöhle und versorgt die Organe direkt mit Nährstoffen. Das schlauchförmige Herz pumpt Blut durch den Körper.

Atmungssystem Insekten atmen durch Luftlöcher an den Körperseiten. Diese sind mit Luftsäcken und feinen Röhren verbunden, die Sauerstoff im ganzen Körper verteilen.

Verdauungssystem Nahrung passiert rasch den Brustbereich und wird im Mitteldarm im Hinterleib verdaut. Kot und Harn werden als trockene Kügelchen und Harnsäurekristalle ausgeschieden.

Nervensystem Das Gehirn ist mit einem Nervenstrang verbunden, der sich mitsamt einiger Ganglien oder „Minihirne" über die Unterseite des Körpers zieht. Ganglien steuern zentrale Abläufe in ihrer Körperregion.

Speicheldrüsen Diese Drüsen produzieren Speichel und Enzyme, um die Nahrung gleitfähig zu machen und teilweise zu verdauen.

Beine Insektenbeine haben fünf Hauptsegmente. Am Ende jedes Beins ist ein beweglicher Fuß mit Klaue, manchmal mit Haftballen.

Fuß

Klaue

Algen (1,9 %)
höhere Pflanzen (17,6 %)
Einzeller (2,2 %)
Insekten (53,2 %)
Pilze (4,9 %)
Bakterien (0,3 %)
andere Tiere (19,9 %)

Der Löwenanteil

Bis jetzt sind der Wissenschaft etwa anderthalb Millionen Arten von Lebewesen bekannt und benannt. Insekten stellen die bei Weitem größte Gruppe mit über der Hälfte aller bekannten Arten. Nur ein Bruchteil der Insektenarten ist ordentlich erfasst, und es gibt zweifellos Millionen weitere.

Insektensinne

Insekten spüren Veränderungen in ihrer Nähe und reagieren blitzschnell. Insekten haben wie wir fünf Hauptsinne zum Sehen, Hören, Riechen, Tasten und Schmecken. Ihre großen hervorstehenden Augen können Form, Farbe und besonders Bewegung erkennen. Insektenkörper sind von Haaren bewachsen, mit denen sie hören, tasten, riechen und schmecken. Die Haare auf den Antennen, Mundwerkzeugen und Beinen sind besonders empfindlich. Für viele Insekten ist Geruch sehr wichtig bei der Futtersuche, z.B. der Nektar aus duftenden Blüten oder der Gestank von Kot oder faulendem Fleisch. Das Erzeugen und Wahrnehmen von Tönen und Gerüchen ist ein wichtiger Teil der Insektenkommunikation, besonders bei der Paarung.

Im Auge *Komplexaugen bestehen aus unzähligen Einzelaugen. Jedes hat eine Oberflächenlinse und darunter einen Kristallkegel. Diese bündeln das Licht auf eine mit dem Sehnerv verbundene Rezeptorzelle. Der Nerv führt ins Gehirn, in dem dann ein zusammengesetztes Bild von der Welt entsteht.*

Lichtfalle

Nachts fliegende Insekten, zum Beispiel Motten, werden von Außenbeleuchtung, Scheinwerfern, ja sogar den tödlichen Flammen von Kerzen und Lagerfeuern angelockt. Niemand weiß, warum. Wahrscheinlich richten sich Motten nach dem Mond und anderen natürlichen Lichtquellen. Künstliches Licht verwirrt sie. Sie schwirren direkt hinein.

Insektensinne ◀ 11

Komplexauge
Die Oberfläche des Auges ist ein Mosaik der sechseckigen Linsen einzelner Augen.

Rüssel als Trinkrohr
Die meisten Motten saugen Nektar wie mit dem Strohhalm durch einen Rüssel, der mit Geschmacksrezeptoren überzogen ist. Außerdem können sie mit den Rezeptoren auf ihren Füßen schmecken.

Fiedriger Schnüffler
Nachtfalter orten Blüten und mögliche Partner mit ihren fiedrigen Fühlern. Das Kaisermottenmännchen hat von allen Tieren den besten Geruchssinn. Weibchen wittert es aus über 10 km Entfernung.

Auf Achse

Insekten sind äußerst bewegliche Tiere. Manche Arten können gut laufen oder rennen – mit den sechs Gliederbeinen können sie sich schnell vorwärtsbewegen und dabei das Gleichgewicht halten. Weil Insekten so wenig wiegen, können sie viel plötzlicher starten, anhalten und die Richtung ändern als wir. Aber die meisten von ihnen fliegen lieber. Im Flug vermeiden sie Gefahren, finden einen Partner oder Futter. Libellen zum Beispiel fliegen so schnell, dass sie andere Insekten in der Luft jagen können. Die meisten Insekten haben zwei Paar Flügel. Die Flügel sind dünn, oft durchsichtige Blätter, verstärkt durch starke Adern. Manche Insekten, wie die Silberfischchen, Flöhe und Läuse, haben keine Flügel. Nur ausgewachsene Insekten können fliegen. Als Larven schwimmen manche im Wasser; andere, wie die Fliegenmade, zappeln herum. Raupen laufen auf bis zu 16 Beinen. Ameisen- und Bienenlarven müssen sich nicht bewegen, da sie gefüttert werden.

FORTBEWEGUNG BEI INSEKTEN

Die meisten Insektenbeine sind für das Laufen und Rennen gebaut, manche bewegen sich jedoch anders fort.

Maulwurfsgrille *Mit den kräftigen schaufelartigen Vorderbeinen gräbt die Maulwurfsgrille Tunnel.*

Ruderschwimmer *Die abgeflachten Hinterbeine des Wasserkäfers sind mit dicken Haaren besetzt. Damit paddelt und taucht der Käfer in Teichen.*

Spanner *Diese Raupen bewegen zuerst den Hinterleib schlingenförmig auf den Kopf zu. Dann strecken sie den Kopf vor, und es geht von vorn los.*

Floh *In den großen Hinterbeinen eines Flohs ist biegsames Material, das wie eine Sprungfeder funktioniert. Damit schnellt der Floh in die Höhe und vorwärts.*

❸ **Höhenflug** *Der Marienkäfer lässt die Pflanze los und beginnt, mit den Flügeln zu schlagen. Die Deckflügel sind aerodynamisch geformt.*

Zickzackkurs
Beim Krabbeln oder Laufen bewegt das Insekt immer drei Beine gleichzeitig in einem abwechselnden Dreifußmuster: Jeweils das erste und dritte Bein einer Seite bewegen sich mit dem mittleren auf der anderen. Dabei entsteht ein Zickzackkurs.

① Krabbelkäfer Ein Marienkäfer krabbelt die meiste Zeit auf Zweigen, Blättern und Blüten, um andere kleine Tiere zu erbeuten. Die Flügel steckt er fast immer unter die Deckflügel.

Marienkäfer
Marienkäfer und auch andere Käfer haben ein verstärktes erstes Flügelpaar, das einen Schutzschild über den zarten Flügeln bildet. Diesen Panzer der Deckflügel können Räuber schwer knacken.

② Startklar Zum Abheben richtet sich der Marienkäfer auf, öffnet die Deckflügel und entfaltet seine Flügel.

Flugtauglich
Die meisten Fluginsekten haben Flugmuskeln an der Innenwand des Brustkorbs. Eine Anspannung der senkrechten Muskeln von oben nach unten lässt den Brustkorb abflachen und treibt die Flügel in die Höhe. Beim Zusammenziehen (Kontrahieren) der waagerechten Muskeln von vorne nach hinten weitet sich der Brustkorb, die Flügel sinken nach unten. Schmetterlinge machen nur wenige Flügelschläge pro Sekunde, aber Mücken bringen es auf 1.000!

Senkrechte Muskeln kontrahieren

Waagerechte Muskeln kontrahieren

Nahrung und Fressen

Die meisten Insekten sind wählerisch mit ihrem Futter, betrachtet man aber alle Insektenarten, ist die Nahrung sehr unterschiedlich, und es gibt wenige Dinge, tot oder lebendig, die sie nicht fressen würden. Über die Hälfte aller Insekten sind Pflanzenfresser. Alle Pflanzenteile kommen infrage, von den Blättern bis zu den Wurzeln. Manche Insekten graben Tunnel in Pflanzengewebe, die ihnen gleichzeitig Nahrung und Schutz bieten. Fleischfressende Insekten leben von kleinen Tieren, meist anderen Insekten. Blut oder Pflanzensaft saugende Insekten haben einen spitzen Rüssel, um Haut oder Borke zu durchbohren. Viele Insekten spezialisieren sich auf verrottendes Pflanzenmaterial oder Aas. Oft frisst ein Insekt mehr im Larvenstadium, als ausgewachsenes Tier konzentriert es sich auf die Fortpflanzung.

Tischgebet

Gottesanbeterinnen sind gierige Fleischfresser – die Löwen unter den Insekten. Im Ruhezustand legen sie die Vorderbeine wie zum Gebet aneinander. Doch wenn die Beute zu nahe kommt, verwandeln sich diese Vorderbeine blitzschnell in tödliche Waffen und schnappen zu. Die Weibchen verschlingen manchmal auch die Männchen während oder nach der Begattung.

Nahrung und Fressen ◂ 15

FALLGRUBE

Ameisenlöwen sind die Larven der Ameisenjungfern. Sie graben einen Trichter im feinen Sand und lauern unter der Oberfläche. Ameisen, die in die Grube fallen, können nicht wieder heraus und werden von den mächtigen Kiefern des Ameisenlöwen gepackt. Vom Trichterrand fallen die Ameisen ins Loch, wenn der lauernde Ameisenlöwe Sand hochwirft.

Schwärmer Dank seines raschen Flügelschlags schwebt der Schwärmer wie ein Kolibri. Mit dem langen Rüssel saugt er Nektar aus dem Blütenkelch.

Raupe Raupen sind das Larvenstadium der Schmetterlinge und Motten. Sie fressen Pflanzen und haben harte, mahlende Kiefer zum Zerbeißen des Pflanzengewebes.

Kakerlaken Schaben oder Kakerlaken fressen fast alles, was nicht lebt. Viele Arten hausen in unseren Wohnungen und ernähren sich von Abfällen.

Bettwanze Diese Insekten verstecken sich tagsüber in Ritzen. Unmittelbar vor Sonnenaufgang kommen sie heraus und saugen das Blut von Menschen und anderen Warmblütern. Zum Glück übertragen sie wohl keine gefährlichen Krankheiten.

Fortpflanzung und Lebenslauf

Alle Insekten schlüpfen aus Eiern. Danach durchlaufen sie je nach Art drei bis vier verschiedene Stadien, bevor sie ausgewachsen sind. Das nennt man Verwandlung oder Metamorphose. Die Lebensspanne der meisten ausgewachsenen Tiere ist kurz, doch sie sind beweglich und können schnell einen Partner finden. Mit allen Sinnen suchen sie das andere Geschlecht, das sie mit Düften, Geräuschen oder auffälligem Verhalten anlocken. Nach der Paarung ziehen die Weibchen zur Eiablage oft weiter.

Aufmerksamkeit erregen
Zikadenmännchen machen den größten Krach. Mit ihrem Zirpen locken sie die Weibchen an. Dieses Geräusch entsteht durch vibrierende Schrillmembranen, verstärkt durch Luftsäcke im Hinterleib.

Schrillmembran · Muskel · Trommelfell (Tympanum)

KAMPF UMS WEIBCHEN

Insektenmännchen kämpfen wie viele andere Tiere miteinander um das Recht, sich mit einem Weibchen zu paaren. Hirschkäfermännchen bekämpfen sich ähnlich wie Hirsche mit geweihartigen Kiefern. Sie verletzten sich meist nicht schwer. Der Verlierer sucht einfach das Weite.

Insekteneier

Insekten suchen bewusst Eiablageplätze, die für das Überleben der Larven günstig sind. Außer der Eihaut haben viele Eier noch Außenhüllen zum Schutz vor der Umwelt und Fressfeinden.

Mückenfloß
Mücken legen ihre Eier auf einmal und kleben sie zu Schwimmflößen zusammen.

Kakerlakeneihülle
Bis zu 50 Kakerlakeneier liegen in einer harten Eihülle.

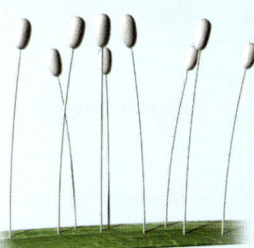

Florfliegeneistiele
Florfliegeneier auf langen zarten Stielen bleiben für kleine Räuber unerreichbar.

Bienenei
Die Bienenkönigin legt ein Ei in jede Wabe, in der es sich entwickelt.

Käfereier
Käfer legen Eier auf Blätter, von denen sich die Larven später ernähren.

Nymphen und Zikaden

Zikaden verbringen die meiste Lebenszeit – je nach Art vier bis 17 Jahre – als Larven im Boden. Die flügellosen Larven, die Nymphen, sehen den ausgewachsenen Tieren ähnlich. Die Verwandlung von der Nymphe zur Zikade ist daher eine unvollständige Verwandlung. Zwölf Prozent der Insektenarten entwickeln sich so.

❶ Ei *Zikadenweibchen legen Eierhaufen in Rillen, die sie in Zweige ritzen.*

❹ *Die Nymphe klettert auf einen Baum und häutet sich ein letztes Mal. Die Zikade kommt aus der Larvenhülle, entfaltet allmählich die Flügel und ist bereit für ihr kurzes Leben im Freien.*

❷ Nymphe *Eine frisch geschlüpfte Nymphe fällt zu Boden und gräbt sich sofort ein.*

❸ Unterirdisch *Die Nymphe bohrt mit ihrem nadelähnlichen Mundwerkzeug Wurzeln an und ernährt sich von deren Saft.*

Verwandlung

Viele Junginsekten sehen ganz anders aus als ausgewachsene Tiere. Diese Insekten bekommen später nicht nur Flügel, sondern sie verlieren die meisten Teile des Larvenkörpers und entwickeln neue Organe – als wären es zwei Tiere in einem Körper. Vollkommene Verwandlung oder Metamorphose heißt dieser Vorgang. Er vollzieht sich im Puppenstadium. Anders als Larven fressen Puppen nicht, viele sind unbeweglich. Manche Puppen bilden zum Schutz zähe Hüllen. Andere spinnen Seiden- oder Erdkokons oder finden ein sicheres Versteck.

5 Abflug *Wenn die Flügel entfaltet und getrocknet sind, kann der Schmetterling losfliegen und einen Fortpflanzungspartner suchen.*

PUPPE

Die Metamorphose ist ein problematisches Stadium im Insektenleben. Eine Raupe verwandelt sich in einer Schutzhülle, der Puppe, in einen Schmetterling. Manche Puppen sind bunt, andere haben Tarnfarben.

Indischer Blattfalter *Kallima paralekta*   Schwefelfalter *Phoebis sennae*   Weiße Baumnymphe *Idea leuconoe*

1 Ei *Dieses wird meist auf dem Lieblingsfutter der Raupe abgelegt.*

2 Raupe *Im Larvenstadium platzt die Eihülle. Die Raupe kriecht heraus und fängt sofort an zu fressen.*

3 Puppe *Wenn die Raupe gewachsen ist und sich mehrmals gehäutet hat, heftet sie sich an eine Pflanze und verpuppt sich.*

Zeit für den Wandel

Insekten, die sich vollständig verwandeln, haben vier Phasen in ihrem Lebenszyklus. Jedes Stadium dauert unterschiedlich lange. Aus dem Ei schlüpft die Larve, es folgt die Puppe, aus der sich das ausgewachsene Insekt, die Imago, entwickelt.

Hirschkäfer
Der Hirschkäfer entwickelt sich eher langsam.

Marienkäfer
Ein Marienkäfer verbringt über die Hälfte seines Lebens als Käfer.

Köcherfliege
Die Köcherfliege verbringt fast ihr ganzes kurzes Leben als Larve.

Kode ■ Ei ■ Larve ■ Puppe ■ Imago   0   1   Jahre   2   3   4

4 Entpuppt Nach wenigen Wochen platzt die Puppe, und der Schmetterling kommt langsam heraus.

Wie ausgewechselt

Der Blaue Morphofalter durchläuft vier Lebensphasen – Ei, Larve, Puppe und ausgewachsenes Tier. Die Verwandlung einer Raupe in einen Falter ist ein wahres Naturwunder.

Insekten im Wasser

Viele Insekten leben teilweise oder ganz im Wasser. Manche Arten ertragen Salzwasser, doch die meisten benötigen Süßwasser. Einige Arten sind nur als Larven im Wasser, andere in allen Lebensphasen. Wasserinsekten können schwimmen und unter Wasser atmen. Dafür haben sie Hilfsmittel, die den Erfindungen ähneln, die von Menschen für den Aufenthalt unter Wasser erfunden wurden, wie Schwimmflossen, Schnorchel und Lufttanks für Taucher. Doch die meisten Insekten müssen wie wir irgendwann wieder auftauchen und Luft holen. Manche haben Kiemen entwickelt, dank derer sie immer unter Wasser bleiben können.

Wasserwelt
Wasserinsekten leben auf, an oder in Seen, Teichen, Flüssen und Bächen. Einige leben an der Wasseroberfläche, andere unter Wasser. Viele bewohnen den schlammigen Grund, suchen Schutz unter Steinen oder zwischen Wasserpflanzen. Fünf bekannte Wasserläuferarten leben sogar auf der Oberfläche des Meeres.

Paarung Ein Libellenmännchen (oben) und -weibchen paaren sich. Das Männchen packt das Weibchen hinter dem Kopf und befruchtet die Eier.

Insekten im Wasser 21

Schwimmkäfer Schwimmkäfer fangen ihre Beute mit den starken Vorderbeinen. Für das Atmen unter Wasser nehmen sie beim Tauchen unter den Flügeln eine Luftblase mit.

Mückenlarven Mückenlarven schwimmen, indem sie sich hin- und herwinden. Regelmäßig tauchen sie auf, um durch einen Schnorchel am Hinterleib zu atmen.

Taumelkäfer Taumelkäfer schwimmen auf Teichen ständig im Kreis auf der Suche nach Beute. Sie haben kanuförmige Körper und atmen durch einen Schnorchel am Hinterleib.

Libelleneier Libelleneier kleben mit einer Art Gelee an Wasserpflanzen fest, damit sie nicht weggetrieben werden.

Köcherfliege Köcherfliegenlarven schützen sich durch den Bau von Hüllen aus Stängeln und Sandkörnern, die mit Seide verbunden werden.

Mückenpuppen Mückenpuppen zappeln nicht mehr, als dass sie schwimmen. Sie tauchen mit dem Kopf zuerst auf, denn da sitzt in diesem Stadium der Schnorchel.

Libellenlarven Sie fangen ihre Beute aus nächster Nähe. Blitzschnell schnappen die Scharnierkiefer der Unterlippe zu. Mit den spitzen Haken an ihrem Ende spießen sie die Beute auf.

Verteidigung

Es ist nicht verwunderlich, dass viele andere Tiere die zahlreichen und nahrhaften Insekten gern fressen. Als Reaktion haben Insekten erstaunlich viele Abwehrstrategien entwickelt, um den Räubern zu entkommen. Spinnweben dienen dem Fang von Fluginsekten, darum haben Schmetterlinge und Motten Flügel mit losen Schuppen, die am Netz kleben bleiben und die Insekten selbst entkommen lassen. Manche Insekten schützen sich per Tarnung oder Mimikry, andere sind giftig oder schmecken schlecht. Diese Insekten sind oft leuchtend bunt als Warnung, dass man sie nicht fressen soll. Andere sind aktiver, sie beißen und stechen. Oder sie sind wehrlos, existieren aber in solchen Massen, dass Millionen gefressen werden können, ohne dass das Überleben der Art gefährdet ist.

Verteidigung ◀ 23

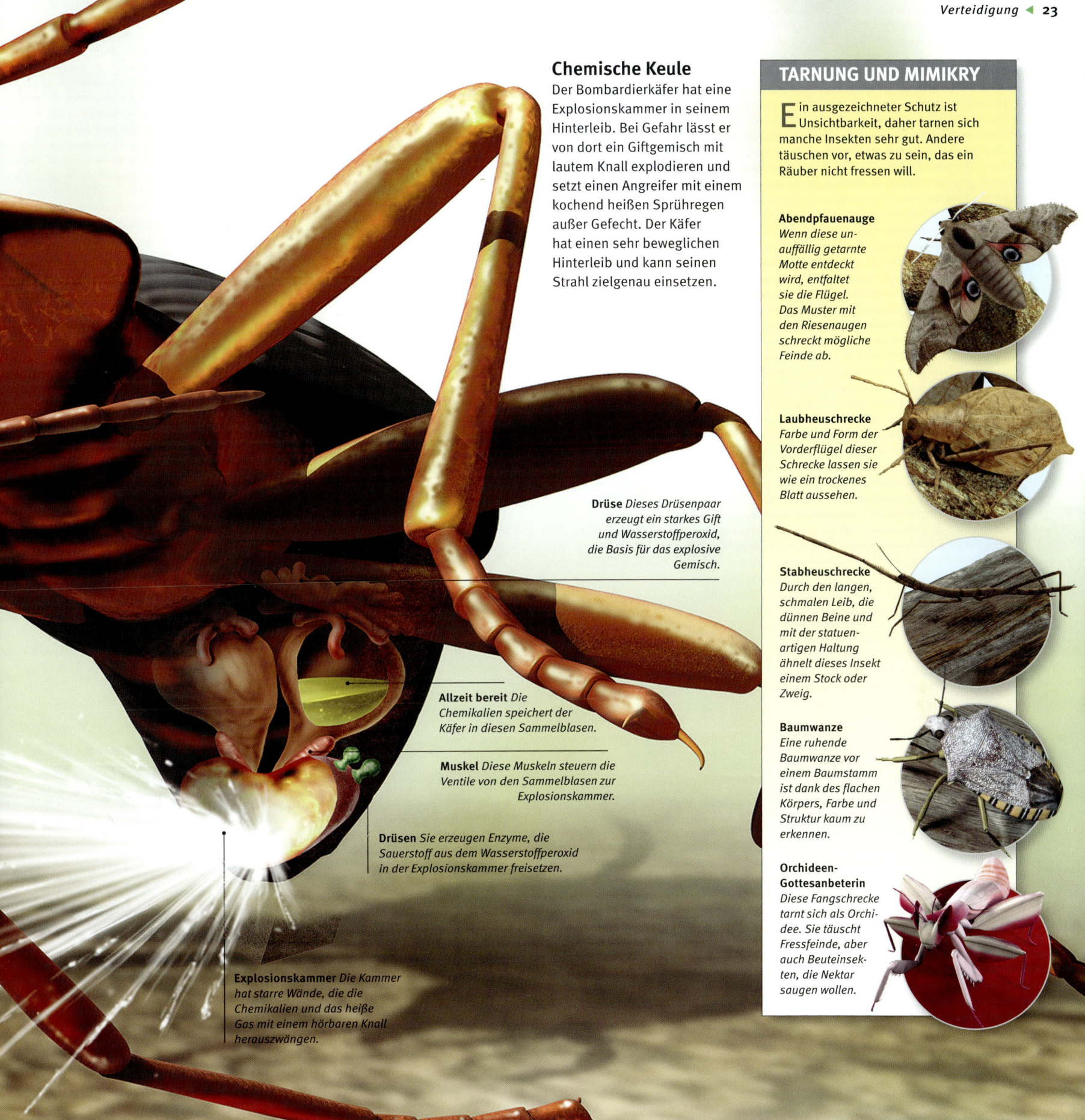

Chemische Keule
Der Bombardierkäfer hat eine Explosionskammer in seinem Hinterleib. Bei Gefahr lässt er von dort ein Giftgemisch mit lautem Knall explodieren und setzt einen Angreifer mit einem kochend heißen Sprühregen außer Gefecht. Der Käfer hat einen sehr beweglichen Hinterleib und kann seinen Strahl zielgenau einsetzen.

Drüse *Dieses Drüsenpaar erzeugt ein starkes Gift und Wasserstoffperoxid, die Basis für das explosive Gemisch.*

Allzeit bereit *Die Chemikalien speichert der Käfer in diesen Sammelblasen.*

Muskel *Diese Muskeln steuern die Ventile von den Sammelblasen zur Explosionskammer.*

Drüsen *Sie erzeugen Enzyme, die Sauerstoff aus dem Wasserstoffperoxid in der Explosionskammer freisetzen.*

Explosionskammer *Die Kammer hat starre Wände, die die Chemikalien und das heiße Gas mit einem hörbaren Knall herauszwängen.*

TARNUNG UND MIMIKRY

Ein ausgezeichneter Schutz ist Unsichtbarkeit, daher tarnen sich manche Insekten sehr gut. Andere täuschen vor, etwas zu sein, das ein Räuber nicht fressen will.

Abendpfauenauge
Wenn diese unauffällig getarnte Motte entdeckt wird, entfaltet sie die Flügel. Das Muster mit den Riesenaugen schreckt mögliche Feinde ab.

Laubheuschrecke
Farbe und Form der Vorderflügel dieser Schrecke lassen sie wie ein trockenes Blatt aussehen.

Stabheuschrecke
Durch den langen, schmalen Leib, die dünnen Beine und mit der statuenartigen Haltung ähnelt dieses Insekt einem Stock oder Zweig.

Baumwanze
Eine ruhende Baumwanze vor einem Baumstamm ist dank des flachen Körpers, Farbe und Struktur kaum zu erkennen.

Orchideen-Gottesanbeterin
Diese Fangschrecke tarnt sich als Orchidee. Sie täuscht Fressfeinde, aber auch Beuteinsekten, die Nektar saugen wollen.

Insektenstaaten

Die meisten Insekten sind Einzelgänger (= solitär) und treffen sich nur zur Paarung, doch es gibt auch andere Lebensweisen. Soziale Insekten leben in hoch entwickelten Staaten mit mehreren Kasten. Jede dieser Kasten übt bestimmte Tätigkeiten für die Gemeinschaft aus. In den Kasten können Männchen und Weibchen sein, die sich fortpflanzen, Soldaten zur Verteidigung und Arbeiterinnen für die restlichen Aufgaben. Alle sind miteinander verwandt und können nicht allein leben oder sich anderen Staaten anschließen. Damit ein Insektenstaat reibungslos funktioniert, müssen sich soziale Insekten gut verständigen können. Alle Ameisen- und Termitenarten sowie viele Bienen und Wespen leben in Gemeinschaften.

Zurück zum Stock *Von der Futtersuche kehren Bienen mit einem Magen voll Nektar und Pollen an den Beinen zurück.*

NESTER

Staaten bildende Insekten brauchen einen Ort zum gemeinsamen Wohnen. Viele Arten bauen sich Nester, andere graben Gänge in den Erdboden oder in Holz. Ameisensoldaten haben keinen festen Platz. Sie können ein Übergangsnest aus ihren verbundenen Körpern bauen.

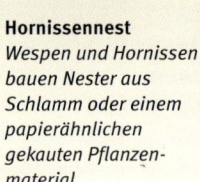

Hornissennest *Wespen und Hornissen bauen Nester aus Schlamm oder einem papierähnlichen gekauten Pflanzenmaterial.*

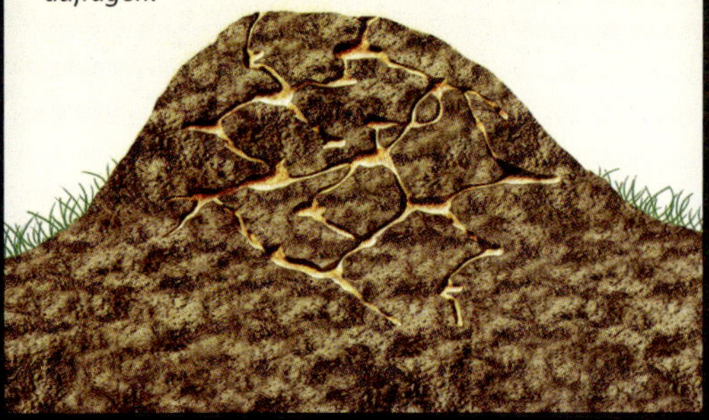

Ameisennest *Manche Ameisen bauen Hügel, die vom Erdboden aufragen.*

Sonne
Schwänzeltanz
Futterquelle
Flugrichtung

Wackeltanz
Heimkehrende Späherbienen zeigen den anderen tanzend, wo sie Futter finden. Der Tanz hat die Figur einer Acht. Der Tanz zeigt, wo das Futter in Bezug zum Sonnenstand ist, während die Intensität des Wackelns des Bienenhinterleibs die Entfernung anzeigt.

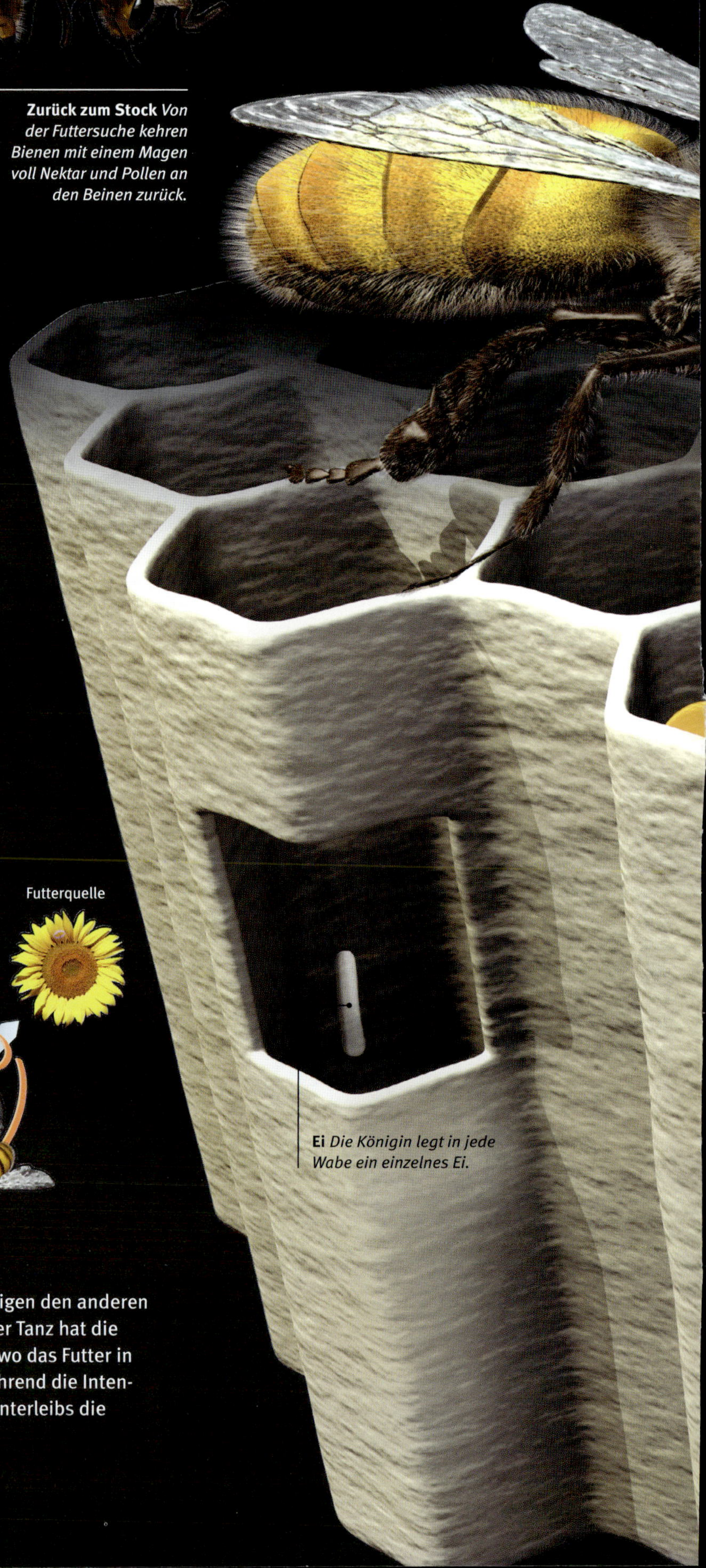

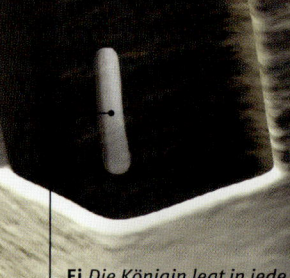

Ei *Die Königin legt in jede Wabe ein einzelnes Ei.*

Bienenfleißig

Alle Mitglieder eines Bienenvolks stammen von einer einzigen Königin ab. Die meisten sind Arbeiterinnen und leben etwa drei Wochen. Zuerst arbeiten sie im Stock, füttern die Larven und formen das Wachs zu Waben, aus denen der Stock besteht. Danach fliegen sie hinaus und suchen Futter.

Bienenkönigin *Die Königin legt bis zu 2.500 Eier und lebt 3–4 Jahre.*

Brutpflege *Arbeiterinnen sammeln Nektar und verdauen ihn teilweise zu Honig. Damit füttern sie die heranwachsenden Larven.*

Drohne *Drohnen sind Bienenmännchen, die die neue Königin eines Volks begatten und danach sterben. Drohnen entwickeln sich bei Bedarf aus unbefruchteten Eiern.*

Larve *Mit Gelee Royal oder Weiselfuttersaft ernährte Larven werden Königinnen. Fressen die Larven teils Gelee Royal, teils Honig und Pollen, werden sie zu Arbeiterinnen. Den Saft produzieren Arbeiterinnen aus einer Drüse in ihrem Kopf.*

Puppe *Aus einer Larve wird eine Puppe und daraus eine ausgewachsene Biene.*

Honig *Die Arbeiterinnen füttern die Larven mit dem aus Nektar gewonnenen Honig. Davon ernähren sich im Winter auch die ausgewachsenen Bienen.*

Versiegelt *Wenn sich die Larve in eine Puppe verwandelt hat, wird die Wabe mit Wachs versiegelt.*

Insekten und wir

NÜTZLICHE INSEKTEN

Bienen und Seidenspinner sind die einzigen domestizierten Insekten. Seide wird aus den Kokons von Seidenraupen hergestellt, und die Bienen liefern uns Honig und Wachs. Bienen und andere nektarsammelnde Insekten bestäuben auch Pflanzen, die für uns eine wichtige Nahrungsquelle sind.

Seidenkimono

Bienenwachskerzen

Essbare Witchetty-Made

Bestäubung

Honig

Insekten gelten als Plagegeister, zum Teil sind sie wirklich lästig. Insekten konkurrieren mit uns um Nahrung und tun sich gütlich an unserer Ernte und dem Essen, das wir lagern. Sie können unsere Kleider und sogar unser Zuhause ruinieren. Manche Insekten sind Parasiten; andere übertragen Krankheiten, die Leid und Tod mit sich bringen. Wespen- und Bienenstiche sowie Ameisenbisse schmerzen, und wiederholter Kontakt kann schlimme allergische Reaktionen auslösen. Doch Insekten sind auch sehr nützlich. Sie dienen vielen anderen Tieren als Nahrung und sind ein wichtiges Glied in der Nahrungskette. Andere bestäuben Pflanzen oder verbessern den Boden durch Zerkleinerung organischen Materials. Raubinsekten bekämpfen Schädlinge. Manche Insekten liefern sogar eine herzhafte Mahlzeit.

Mückenplage

Der Stechrüssel einer Mücke besteht aus einem Bündel scharfer Stechborsten, mit dem sie die Haut durchbohrt. Beim Einstich des Rüssels faltet sich die Schutzscheide zurück, damit das Saugrohr das Blut darunter erreichen kann. In vielen Teilen der Welt können Mücken ernste Krankheiten von einem Menschen auf den anderen übertragen.

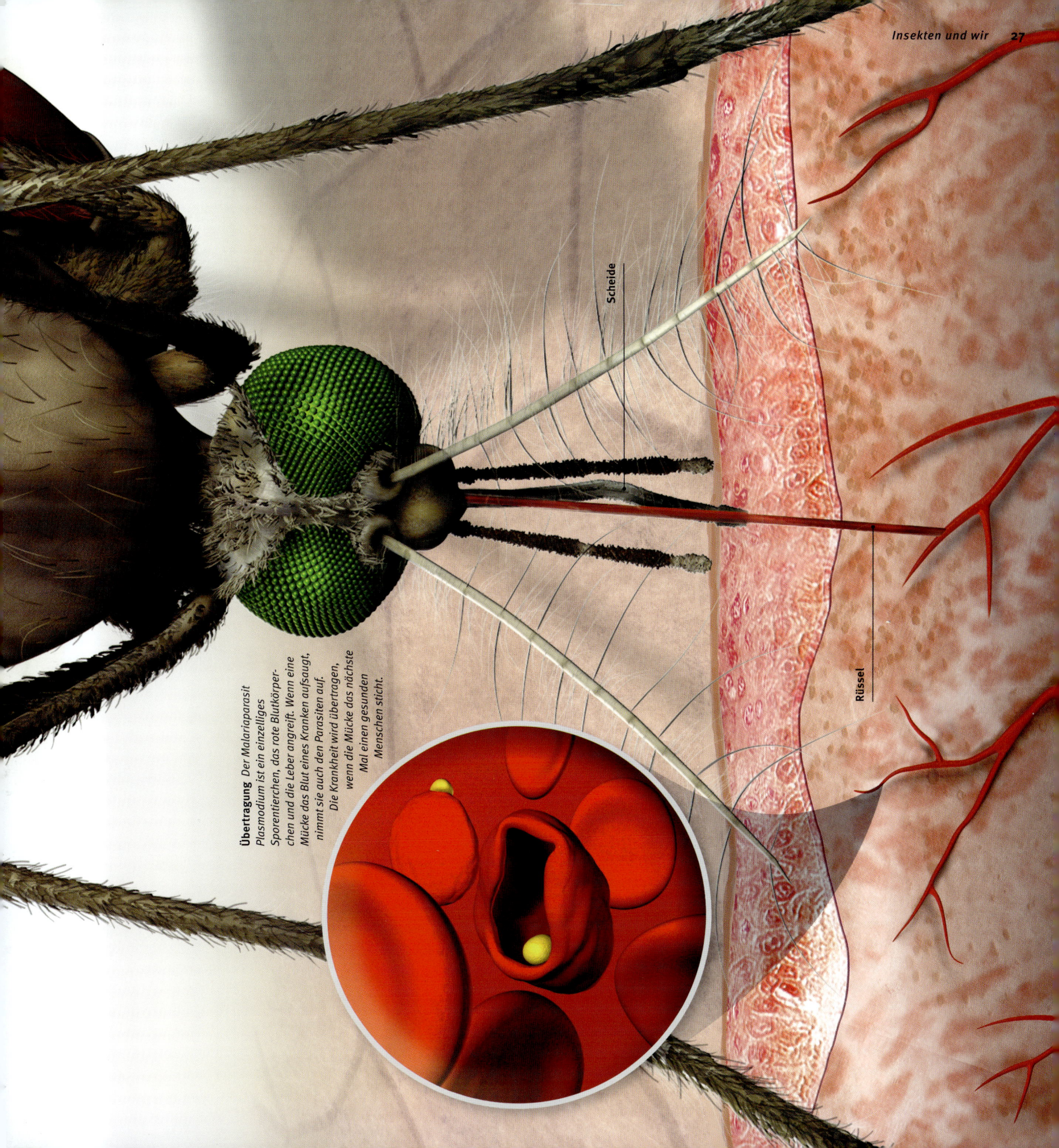

Übertragung Der Malariaparasit Plasmodium ist ein einzelliges Sporentierchen, das rote Blutkörperchen und die Leber angreift. Wenn eine Mücke das Blut eines Kranken aufsaugt, nimmt sie auch den Parasiten auf. Die Krankheit wird übertragen, wenn die Mücke das nächste Mal einen gesunden Menschen sticht.

Was ist eine Spinne?

Spinnen gibt es fast überall, außer im Meer und in den Polargebieten. Sie leben über- und unterirdisch, in den Bergen und sogar unter Wasser. Spinnen sind Gliederfüßer wie die Insekten. Sie gehören zur Gruppe der Spinnentiere, zu der auch Skorpione, Weberknechte, Milben und Zecken zählen. Spinnentiere haben zwei Körperabschnitte, das kombinierte Kopfbruststück, den Vorderleib, und den Hinterleib. Sie sind leicht von Insekten zu unterscheiden, denn sie haben vier Beinpaare und keine Antennen. Anders als andere Spinnentiere haben Spinnen eine schlanke Taille zwischen Vorder- und Hinterleib und Giftklauen. Alle Spinnen sind Fleischfresser und jagen überwiegend Insekten oder fangen sie in ihren klebrigen Seidennetzen.

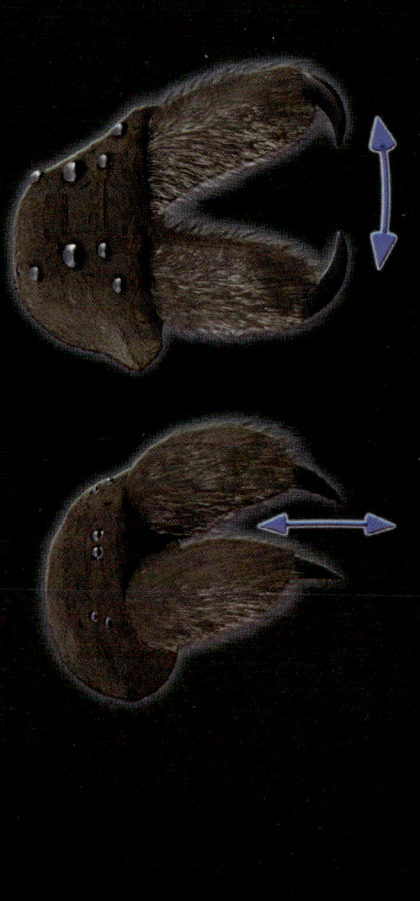

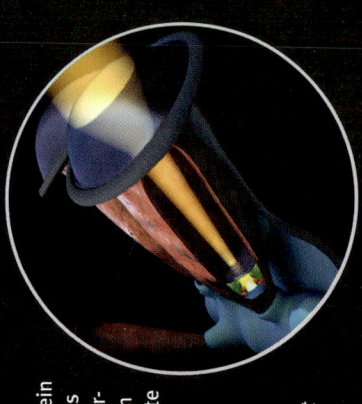

Vogelspinnen und Webspinnen
Es gibt zwei Spinnengruppen. Zu den behaarten Vogelspinnenartigen (links) zählen Taranteln, Falltürspinnen und deren Verwandte. Sie haben Klauen, die nach unten schlagen. Die zweite Gruppe, die Echten Webspinnen (rechts), haben seitwärts nach innen schlagende Klauen. Über 90 % der Spinnen sind Echte Webspinnen.

Spinnenauge
Ein typisches Spinnenauge ist ein einfaches Organ. Es besteht aus einer Linse über einer tassenförmigen Netzhaut. Springspinnen dagegen haben zwei verlängerte Augen, die wie Teleskope funktionieren und ein scharfes vergrößertes Bild produzieren.

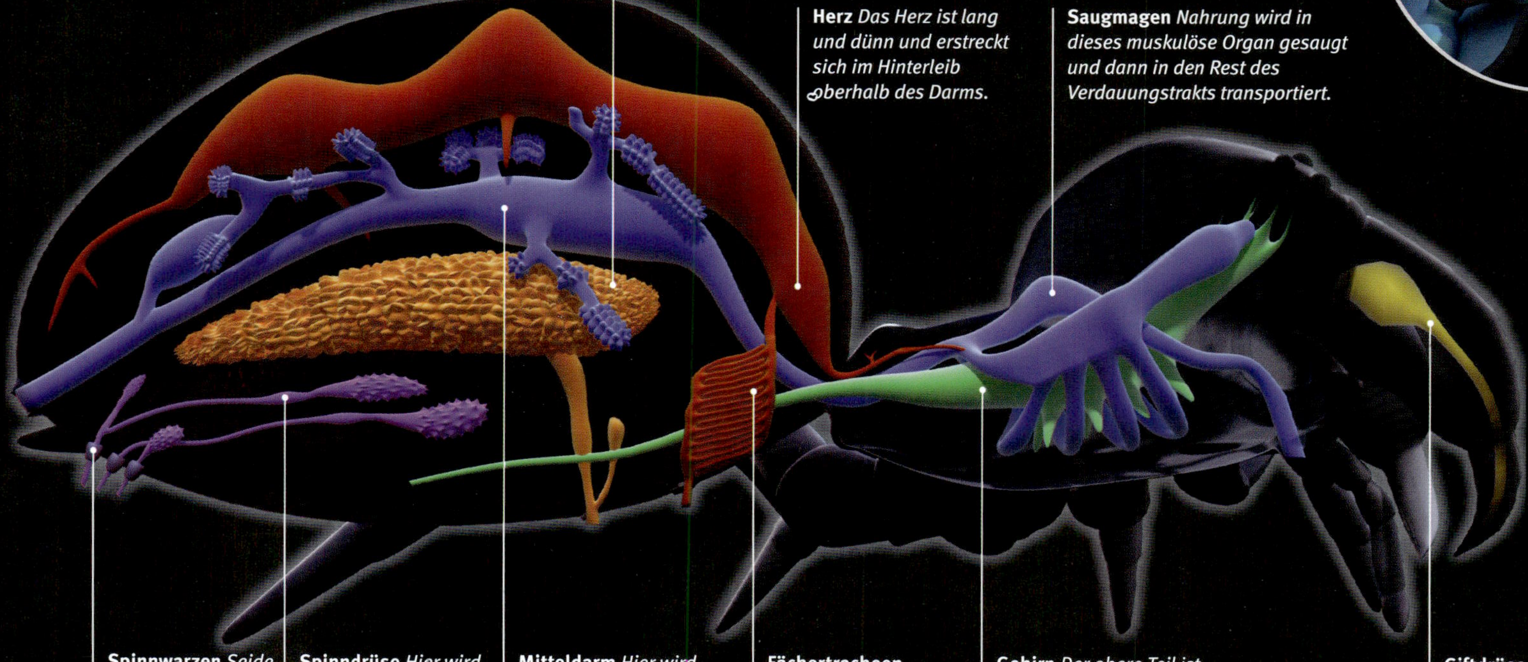

Giftdrüse Die beiden umfunktionierten Speicheldrüsen produzieren ein lähmendes Gift.

Gehirn Der obere Teil ist mit den Augen verbunden, der untere mit dem Rest des Körpers.

Saugmagen Nahrung wird in dieses muskulöse Organ gesaugt und dann in den Rest des Verdauungstrakts transportiert.

Herz Das Herz ist lang und dünn und erstreckt sich im Hinterleib oberhalb des Darms.

Fächertracheen Sauerstoff zum Atmen tritt durch dieses Organ ein.

Eierstock In diesem Organ produziert das Weibchen Eier.

Mitteldarm Hier wird Nahrung verdaut und gelangt in den Blutkreislauf.

Spinndrüse Hier wird flüssige Seide produziert und dann in die Warzen gepumpt.

Spinnwarzen Seide tritt aus den kleinen Spulen auf den Spinnwarzen.

Innen und außen

Spinnen gibt es in vielen verschiedenen Größen, aber sie alle haben dieselbe Grundform. Die meisten inneren Organe sitzen im Hinterleib konzentriert. Im Unterschied zu Insekten haben Spinnen Spinndrüsen und atmen mit Fächertracheen, die auch Buchlungen heißen. Im Bild ein Weibchen der Falltürspinne *Missulena occatoria*.

Augen *Die meisten Spinnen haben acht einfache Augen. Sie sind je nach Spinnenart in vielen verschiedenen Mustern angeordnet. Trotz der vielen Augen können die meisten nicht gut sehen.*

Beine *Jedes Bein hat sieben Abschnitte, die es sehr beweglich machen. Die Beine reagieren äußerst empfindlich auf Vibrationen.*

Kieferklauen *Spinnen nutzen ihre Kiefer für Angriff und Verteidigung, manchmal zum Graben von Wohnröhren. Jeder Kiefer mündet in eine Giftklaue.*

Kiefertaster *Spinnen haben beinähnliche Tastorgane, die Pedipalpen. Während der Paarung leiten Männchen Sperma durch die Pedipalpen.*

Klauen *Spinnen krallen sich damit an raue Oberflächen. Webspinnen haben besonders angepasste Klauen, die an der Seide haften.*

Vorderleib *Dieser Körperteil ist von einem harten Panzer geschützt. Die Mundwerkzeuge sind vorn, und die Beine entspringen strahlenförmig den Seiten.*

Hinterleib *Den Hinterleib überzieht eine weiche, aber lederige Haut. Hier sitzen die meisten Körperorgane. Er verlängert sich, wenn sich die Eierstöcke des Weibchens mit Eiern füllen.*

Webmeister

Seide ist ein ganz wunderbarer Naturstoff, und sie spielt eine große Rolle im Leben aller Spinnen. Aus Seide weben sie nicht nur Netze – sie dient auch zum Einwickeln der Beute, dem Schutz der Eier, dem Nestbau oder als Sicherheitsfaden. Diesen vielseitigen Stoff erzeugt die Spinne als Flüssigkeit in ihren Spinndrüsen, die sich zu einer von drei Paaren von Spinnwarzen am Ende des Hinterleibs öffnen. Wenn die flüssige Seide von den Hinterbeinen herausgezogen wird, bildet sie an der Luft sehr feine, aber starke Fasern. Spinnenseide ist fast so stark wie gleich dicker Stahldraht. Die elastischen Seidenfäden lassen sich auf die dreifache Länge ziehen. Spinnen können acht verschiedene Seiden je nach Zweck erzeugen.

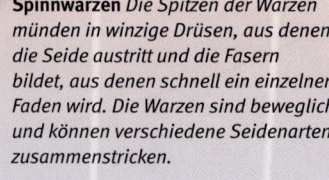

Spinnwarzen *Die Spitzen der Warzen münden in winzige Drüsen, aus denen die Seide austritt und die Fasern bildet, aus denen schnell ein einzelner Faden wird. Die Warzen sind beweglich und können verschiedene Seidenarten zusammenstricken.*

Fliegenfangen

Radnetzspinnen sind eine Familie von Spinnen, die das bekannte spiralförmige Netz weben, das man auf der ganzen Welt in Gärten, Feldern und Wäldern sieht. Die meisten spinnen ihr Netz nachts und verstecken sich am Tag. Andere sind tag- und nachtaktiv. Netzbau ist eine harte Arbeit. Hinterher schont die Spinne ihre Kräfte und wartet geduldig, bis ihr ein Insekt ins klebrige Netz geht.

Eingewickelt *Die Fliege hat sich in den klebrigen Spiralfäden verheddert. Ihr Zappeln überträgt sich als Erschütterung über die Fäden bis zur Spinne, die in der Nabe wartet. Sofort eilt sie herbei, spritzt Gift in die Beute und wickelt sie für später in Seide ein.*

Bau eines Radnetzes

1 Ein starker waagerechter Faden wird an beiden Enden verankert. Dann werden zwei Speichen hinzugefügt, die die Nabe bilden.

2 Zur Stabilisierung wird anschließend ein an mehreren Punkten verankerter Rahmen rundum gesponnen.

3 Von der Nabe nach außen gehend wird der nichtklebende Hilfsfaden gelegt, um die Speichen zu verbinden.

4 Mit dem Hilfsfaden wird der klebrige Fangfaden ausgelegt. Die Hilfsspirale wird dabei zerstört.

NETZFORMEN

Dieses auffällige Radnetz ist das bekannteste Netz, aber Spinnen weben noch viele andere Formen.

Baldachinnetz Dieses Netz fängt Insekten in einem Gewirr senkrechter Fäden. Am Ende fallen sie auf eine Plattform, wo die Spinne sie schnappt.

Dreiecksnetz Hier verbindet die Spinne das Netz mit einem Befestigungsfaden. Beim Kontakt mit der Beute lässt sie das Netz los, und es fällt zusammen.

Gerüstnetz Dieses Netz besteht aus senkrechten am Boden verankerten Klebfäden. Es fängt vorbeikrabbelnde Insekten.

Fresspaket Die Radnetzspinne injiziert einer gefangenen Fliege Speichel und wickelt sie in Seide. Der Speichel löst die inneren Organe der Fliege zu einer Flüssigkeit auf, nur so kann die Spinne sie heraussaugen.

Bein Radnetzspinnen haben eine mittlere Klaue, mit der sie auf nichtklebenden Radialfäden im Netz laufen. Die Klaue verhakt sich um den Faden. Durch die Stachelborsten an der Klauenunterseite kann die Spinne sich auf den Fäden halten.

Klein und schnell:
Die Jäger

Nicht alle Spinnen fangen ihre Beute im Netz. Manche Arten gehen auf Futtersuche, einige in der Nacht, andere tagsüber. Manche legen sich auf die Lauer. Sie passen sich ihrer Umgebung an und warten geduldig, dass die Beute zum Greifen nahe kommt. Obwohl Jagdspinnen besser sehen als Webspinnen, verlassen sich die meisten eher auf Vibrationssensoren und den Tastsinn, um Beute zu orten. Sie reagieren blitzschnell. Sie packen die Beute mit den Vorderbeinen, ziehen sie ans klaffende Maul und betäuben und töten sie mit injiziertem Gift. Im Bruchteil einer Sekunde ist alles vorbei. Viele Jagdspinnen haben Haarbüschel an den letzten Beingliedern, die ihnen einen sicheren Halt geben. Manche können mühelos auf Fensterscheiben oder unter der Zimmerdecke laufen.

Beute angeln
Eine Floß- oder Listspinne wartet am Teichrand mit den Vorderbeinen auf dem Wasser. Wenn sich das Wasser durch die Bewegung von Insektenlarven, Kaulquappen oder kleinen Fischen kräuselt, eilt die Spinne über das Wasser und fängt sie.

SPÄHER

Jagdspinnen haben meist acht einfache Augen rund um den Kopfpanzer. Die einfachen Augen können Bewegungen in allen Richtungen erkennen. Die Anordnung und Größe der Augen sind ein Hinweis dafür, wie eine Jagdspinne Nahrung erbeutet.

Riesenkrabbenspinnen Diese flinken Jäger mit dem Rundumblick bewegen sich beim Beutefang blitzschnell in alle Richtungen.

Kescherspinnen Diese Nachtjäger haben zwei Riesenaugen, die Hunderte Male lichtempfindlicher sind als unsere.

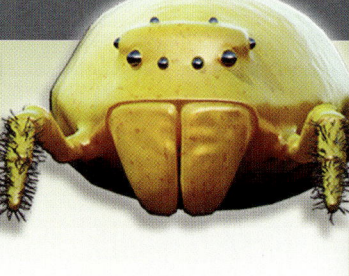

Krabbenspinnen Diese Jäger aus dem Hinterhalt sehen gut auf kurze Distanz und fangen Beute in ihrem Umfeld.

Blütenfallen
Krabbenspinnen tarnen sich zwischen Blüten. Wenn ein Insekt Nektar sucht, schlägt die Spinne blitzschnell zu. Sie kann wie ein Chamäleon die Farbe wechseln und der Umgebung anpassen.

Der Schrecken des Waldes
Riesenvogelspinnen leben in den Regenwäldern im Norden Südamerikas. Sie verbringen die meiste Zeit in Wohnröhren, kommen aber heraus, um Insekten zu fangen, kleine Wirbellose wie Frösche, Eidechsen und Mäuse und auch mal einen Vogel. Sie sind die größte Spinnenart der Welt.

Spinnen: Verteidigung

Spinnen – aggressive, giftige Räuber – werden selbst auch von manchen Tieren gefressen, von Insekten, Fröschen, Eidechsen, Vögeln und Säugetieren. Doch die Hauptfeinde der Spinnen sind andere Spinnen. Meist verstecken sich Spinnen regungslos in Spalten und Wohnröhren, unter Borken oder in zusammengerollten Blättern. Sie kommen nur kurz zur Jagd oder zur Paarung heraus, oft im Schutz der Dunkelheit. Manche leben im Freien und schützen sich mit ihrem Netz. Andere haben spitze Stacheln und leuchtende Warnfarben. Wieder andere tarnen sich und bleiben unentdeckt. Aktive Spinnen verschwinden schleunigst, wenn Gefahr droht. Oft helfen ihnen die Tricks, mit denen sie Fressfeinden entkommen, auch beim Fang argloser Beutetiere.

SPINNENTARNUNG

Viele Spinnen sind Meister der Tarnung und nur schwer in ihrer natürlichen Umgebung zu erkennen. Andere sind dagegen auffällig, sie tarnen sich aber als etwas Gefährliches oder Übelriechendes, um Fressfeinde abzuschrecken.

Wespenspinnen *Die langen Spinnwarzen auf dem Hinterleib ähneln den Antennen auf einem Wespenkopf, und der Kopf sieht aus wie der Hinterleib einer Wespe.*

Krabbenspinnen *Bei einer Bedrohung fällt diese Spinne zu Boden und bleibt regungslos und meist unentdeckt liegen, bis die Gefahr vorüber ist.*

Vogelkotspinnen *Viele Spinnen ahmen Vogelkot nach. Ein übler Geruch trägt zur Täuschung bei und schreckt die Fressfeinde ab.*

Dolophones sp. *Farbe, Struktur und Haltung dieser australischen Spinne lassen sie wie einen alten knorrigen Baumstamm aussehen.*

Spinnen: Verteidigung ◀ 35

Schnelle Flucht
Viele Tiere rollen sich bei Gefahr zu einer Kugel zusammen. Die zu den Riesenkrabbenspinnen gehörende *Carparachne aureoflava* wirft sich bei Gefahr auf die Seite, winkelt die Beine an und verwandelt sich in ein Rad. So rollt sie vom Wind getrieben die Sanddünen hinab.

Abseilen
Bei Gefahr lassen sich viele Spinnen an einer starken Zugleine fallen. Die Hinterbeine regulieren das Falltempo am Faden.

Spinnenleben

Spinnenweibchen legen ihre Eier ein paar Wochen nach der Paarung. Manche legen jeweils nur wenige Eier, andere 1.000 oder mehr auf einmal. Alle Spinnen wickeln die Eier in einen schützenden Kokon aus Spinnseide ein. Anders als Insekten schlüpfen Spinnen als Jungtiere aus den Eiern. Wenn sie größer werden, häuten sie sich mehrmals, d. h., sie werfen ihr altes Außenskelett ab. Bis zur Geschlechtsreife durchlaufen sie zehn bis zwölf Häutungen. Spinnen verpuppen sich nicht. Männchen reifen schneller heran und sind auch meist kleiner als Weibchen. Außer an der Größe erkennt man Männchen auch an den vergrößerten Spitzen der Pedipalpen (Kiefertaster), die wie Boxhandschuhe aussehen. Mit diesen übertragen sie bei der Paarung Sperma auf die Weibchen.

Auf und davon

Gleich nach dem Schlüpfen müssen sich Jungspinnen von ihren Geschwistern trennen, damit sie nicht von ihnen gefressen werden oder mit ihnen um das Futter konkurrieren müssen. Bei manchen Arten stellen die Jungspinnen sich in den Wind und lassen einen Seidenfaden hängen, der von der leisesten Brise davongetragen wird, ein Verhalten, das man „Ballooning" nennt. So können sie viele Kilometer fliegen. Solche fliegenden Fäden kennt man aus dem Altweibersommer.

BRUTPFLEGE

Die meisten Spinnen kümmern sich nicht um den Nachwuchs, sie legen die Eier nur in einen schützenden Eikokon. Doch manche betreiben Brutfürsorge oder Brutpflege und verteidigen die Kokons oder umhegen die Jungspinnen.

Huckepack *Ein Wolfsspinnenweibchen trägt den Kokon mit sich. Wenn die Jungen schlüpfen, öffnet sie den Kokon mit den Kieferklauen. Die Jungen klettern an ihren Beinen hoch und halten sich an den Haaren auf ihrem Hinterleib fest.*

Aufopferung *Spinnen füttern ihre Jungen selten, aber einige bringen ihnen Beute oder erbrechen für sie Flüssignahrung. Diese Röhrenspinne ernährt ihre Brut mit ihrer eigenen Leiche.*

Spinnenleben

Brautwerbung
Da Spinnen Räuber sind, müssen die Männchen sich bei der Paarung in Acht nehmen. Sie haben daher ein besonderes Paarungsverhalten entwickelt, um vom Weibchen nicht verspeist zu werden.

Brautgeschenk
Das Raubspinnenmännchen wirbt um das Weibchen mit einem in Seide gewickelten Insekt. Wenn sie es annimmt, paaren sie sich, während sie die Gabe frisst.

Weglocken
Das zwergenhafte Männchen hütet sich, das Netz zu betreten. Es gibt dem Weibchen ein Signal durch den Faden, um es aus dem Netz zu locken und sich paaren zu können.

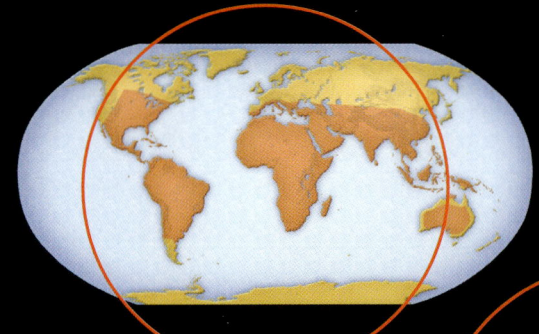

INSEKTEN

Verbreitungsgebiet Die Karte zeigt, wo die abgebildeten Spinnen oder Insekten vorkommen. Sucht auf jeder Karte nach der Farbe Orange.

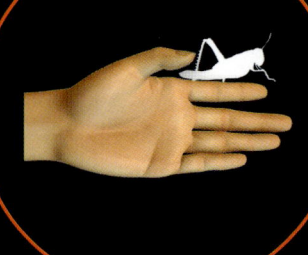

HEUSCHRECKEN: DIE FAKTEN
VORKOMMEN: **heiße Trockengebiete**
NAHRUNG: **Pflanzen, besonders Gräser**
GRÖSSE: **10–100 mm**
ABGEBILDETE ART: *Schistocerca gregaria* (Afrika, Naher Osten, Asien)

Auf einen Blick Unter dieser Überschrift findet ihr das Wichtigste über die vorgestellten Insekten oder Spinnen.

Größenvergleich Zeigt die Größe eines Insekts oder einer Spinne im Vergleich zu einer Menschenhand.

SPINNEN

Klassifizierungsleiste Diese Leiste zeigt an, zu welcher Tierklasse das jeweilige Tier gehört.

insider
Spezialwissen

insider Spezialwissen *Unglaubliche Insekten*

MONARCHFALTER: DIE FAKTEN
VORKOMMEN: **Wälder und offenes Waldland**
NAHRUNG: **Seidenpflanze (Raupe); Nektar (Falter)**
GRÖSSE: **10 mm Flügelspannweite**
WISSENSCHAFTLICHER NAME: *Danaus plexippus*

Der Monarchfalter

Wanderung (Migration) ist ein großes Naturwunder. Die Zahl der Individuen, die wandern, und die Entfernungen, die sie dabei zurücklegen, können enorm groß sein. Für Tiere, die in Regionen mit extremen Jahreszeiten leben, gibt es zwei Möglichkeiten zu überleben: Anpassung an das unwirtliche heimische Klima oder Abwanderung in mildere Gebiete. In vielen Fällen werden durch Wanderung dem Nachwuchs bessere Überlebensbedingungen geboten. Obwohl viele Fische, Vögel und Säugetiere lange Wanderungen machen, ist die ca. 3.500 km lange Reise des Monarchfalters wegen der Größe und Zartheit des Insekts hervorzuheben. Zudem ist diese Wanderung geheimnisumwoben. Die Schmetterlinge, die im Herbst in den Süden kommen, sind oft die Ururenkel derjenigen, die im Frühjahr weggeflogen sind. Dennoch sind sie fähig, den Weg in das Gebiet ihrer Vorfahren zurückzufinden.

Genauer betrachtet
Das komplizierte Muster der Flügelschuppen erkennt man nur unter dem Mikroskop.

Saugrüssel Monarchfalter haben große Komplexaugen, um Blüten als Futter und Seidenpflanzen *(Asclepias)* für die Eiablage zu finden. Den ausgerollten Rüssel nutzen sie zum Nektarsaugen.

Flügelschuppen Schmetterlings- und Mottenflügel sind von überlappenden Schuppen bedeckt. Farbmuster entstehen durch die Pigmente in den Schuppen und der Lichtbrechung an den Schuppenrändern.

Zug nach Westen Monarchfalter aus dem Gebiet westlich der Rocky Mountains überwintern in Kalifornien.

Der Monarchfalter ◀ 41

LEBENSZYKLUS

Nach etwa einem Monat ist aus dem Ei ein Monarchfalter geworden. Aus den Eiern schlüpfen Raupen mit deutlichen gelben, schwarzen und weißen Streifen. Sie wachsen schnell und sind nach zwei Wochen bereit, sich zu verpuppen. Die Flügelfarben kann man durch den Kokon hindurch erkennen, bevor der Schmetterling sich entpuppt.

1. Eier auf Seidenpflanzenblatt.
2. Fressende Raupe
3. Puppenstadium
4. Ein Falter verlässt den Kokon.

Weite Reise

An ihren Sommerfutterplätzen, etwa an der Grenze Kanadas, überleben die meisten Monarchfalter nur zwei bis sechs Wochen. Anders verhält es sich bei den im Spätsommer geschlüpften Schmetterlingen, sie unternehmen eine weite Reise und überwintern in den Bergen bei Mexiko-Stadt. Im nächsten Frühjahr paaren sie sich und kehren nach Norden zurück. Dort legen sie Eier und sterben im Alter von knapp 8 Monaten.

Seidenpflanze *Monarchfalter legen ihre Eier auf die Seidenpflanze. Die Raupen nehmen die Giftstoffe der Pflanze auf. Diese Stoffe sind auch im Falter enthalten und machen ihn giftig.*

CANADA

Kode
- Östliches Überwinterungsgebiet
- Östliche Sommerfutterplätze
- Westliches Überwinterungsgebiet
- Westliche Sommerfutterplätze

▶ 1. Generation
▶ 2. Generation
▶ 3. Generation
▶ 4. Generation

MEXICO

SPINNEN

insider Spezialwissen *Unglaubliche Insekten*

STUBENFLIEGE: DIE FAKTEN

VORKOMMEN: Fast überall, wo Menschen leben

NAHRUNG: Tote und verrottende Pflanzen und tierisches Material, Kot

GRÖSSE: 8 mm

WISSENSCHAFTLICHER NAME: *Musca domestica*

Ein ungebetener Gast:
Die Stubenfliege

Stubenfliegen sind die Insekten, die man am häufigsten sieht. Von ihrer Urheimat Zentralasien aus haben sie sich mit den Menschen über die ganze Welt verbreitet. Stubenfliegen gibt es überall, wo Menschen sind, besonders in Häusern und auf Bauernhöfen. Fliegenweibchen können in ihrem zwei- bis dreiwöchigen Leben bis zu 1.000 Eier legen. Daraus schlüpfen wurmartige Larven, die Maden, die fressen und wachsen. Sie graben sich später in den Boden ein und verpuppen sich, bis sie als ausgewachsene Fliegen schlüpfen. Die Entwicklung vom Ei zur Fliege kann weniger als drei Wochen sein, darum gibt es so viele Fliegen im Sommer. Manche Maden und Puppen überleben den Winter an einem geschützten Ort und entwickeln sich zu Fliegen, sobald es im Frühsommer warm wird.

Tod aus der Spraydose
Insektizide für den Haushalt sind ein großes Geschäft. Die meisten Sprays enthalten Pyrethrine, natürliche Verbindungen aus Chrysanthemen. Pyrethrine schädigen das Nervensystem eines Insekts. Die geringe Dosierung schadet Vögeln und Säugetieren nicht.

Greifer *Für den Halt an rauen Flächen haben Stubenfliegen ein Klauenpaar an den Beinenden. Zwischen den Klauen sind Haftballen, mit denen sie auf glatten Flächen wie Glas oder sogar kopfüber unter der Decke laufen.*

Von oben gesehen
Stubenfliegen zählen zu den Zweiflüglern. Die meisten Insekten haben zwei Flügelpaare, die Zweiflügler nur eins. Die Hinterflügel sind winzige keulenartige Gebilde, mit denen die Fliege im Flug das Gleichgewicht hält.

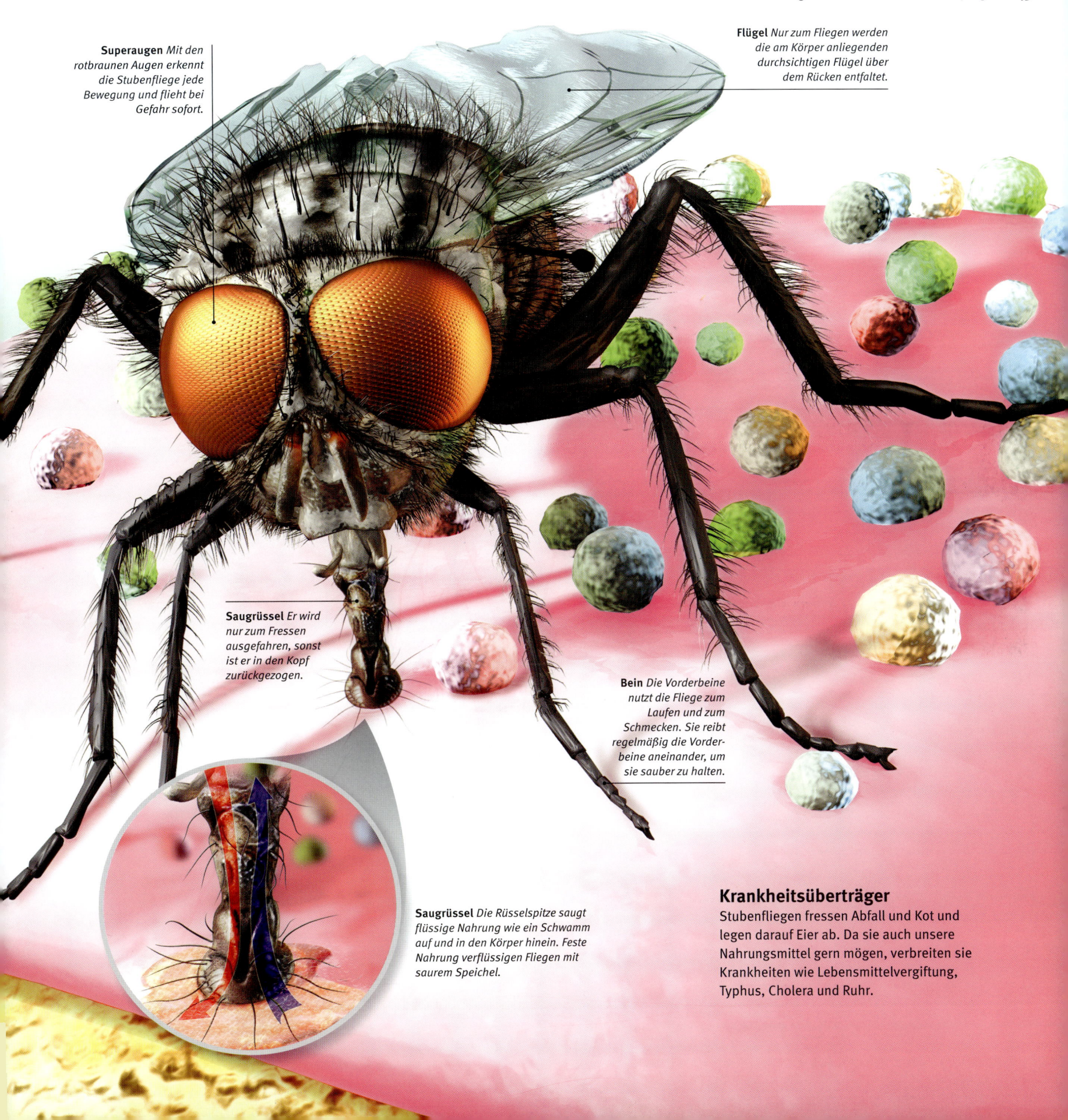

Ein ungebetener Gast: Die Stubenfliege ◀ 43

Superaugen *Mit den rotbraunen Augen erkennt die Stubenfliege jede Bewegung und flieht bei Gefahr sofort.*

Flügel *Nur zum Fliegen werden die am Körper anliegenden durchsichtigen Flügel über dem Rücken entfaltet.*

Saugrüssel *Er wird nur zum Fressen ausgefahren, sonst ist er in den Kopf zurückgezogen.*

Bein *Die Vorderbeine nutzt die Fliege zum Laufen und zum Schmecken. Sie reibt regelmäßig die Vorderbeine aneinander, um sie sauber zu halten.*

Saugrüssel *Die Rüsselspitze saugt flüssige Nahrung wie ein Schwamm auf und in den Körper hinein. Feste Nahrung verflüssigen Fliegen mit saurem Speichel.*

Krankheitsüberträger

Stubenfliegen fressen Abfall und Kot und legen darauf Eier ab. Da sie auch unsere Nahrungsmittel gern mögen, verbreiten sie Krankheiten wie Lebensmittelvergiftung, Typhus, Cholera und Ruhr.

44 ▶ insider Spezialwissen *Unglaubliche Insekten*

Verteidigung Termitensoldaten wehren Eindringlinge wie Ameisen ab. Bei manchen Arten haben Soldaten große Köpfe mit furchtbaren Mundwerkzeugen, andere bespucken Feinde mit einer klebrigen Flüssigkeit.

Kühlschächte Warme Luft steigt im kaminähnlichen mittleren Schacht auf und zieht auf der windabgewandten Seite des Hügels nach draußen.

TERMITEN: DIE FAKTEN
VORKOMMEN: Wälder, Grasland und Häuser
NAHRUNG: Totes Pflanzenmaterial, Pilze
GRÖSSE: 3–25 mm
ABGEBILDETE ART: *Macrotermes michaelseni* (Afrika)

Turmbauer: Termiten

Wie Ameisen und Bienen sind auch Termiten soziale Insekten, die Kolonien mit Hunderten oder Millionen Individuen bilden. In der Kolonie gibt es mehrere Gruppen, die verschiedene Aufgaben haben. Solche Gruppen, die im Termitenstaat unterschiedliche Arbeiten verrichten, nennt man Kasten. Termiten fressen totes Pflanzenmaterial von kleinen Blättern, Zweigen und Gras bis zu riesigen umgestürzten Baumstämmen. Manche gelten als Schädlinge, weil sie das Holz in unseren Häusern fressen. Sie recyceln eifrig Zellulose, den Hauptbestandteil der Zellwand der Pflanzen. Termiten nennt man auch fälschlich „weiße Ameisen", da sie oberflächlich betrachtet Ameisen ähneln. Sie sind aber mit den Schaben und Fangheuschrecken verwandt.

BELÜFTETE TÜRME

Der Termitenbau nutzt Windenergie als Lüftung. Er ist so geformt, dass der Luftdruck auf der porösen Oberfläche des Baus nicht auf allen Seiten gleich ist. Abluft tritt auf dem Wind abgewandten Seite aus dem Turm, Frischluft zieht auf der Windseite hinein.

Code ▶ Frischluft ▶ Abluft

Turmbauer: Termiten 45

Königinkammer
Das ist die Brutkammer der Kolonie. Die Königin muss nur massenhaft Eier legen – bis zu 2.000 täglich. Der König paart sich mit ihr, um die Eier zu befruchten. Arbeiter umhegen das Königspaar, die Eier und die frisch geschlüpften Nymphen.

Pilzzucht
Die schwer verdauliche Zellulose zerklenern viele Pflanzenfresser mithilfe von Darmbakterien und -mikroben. Manche Termiten züchten einen Pilz, der das gesammelte Holz vorverdaut. Das geschieht in Kammern mit hoher Luftfeuchtigkeit.

Keller
Der Keller hilft, die Temperatur und Feuchtigkeit im Hügel zu regeln. Arbeiter graben unter dem Keller bis zu 40 m tiefe Schächte zu unterirdischen Wasserreservoiren.

Geborene Baumeister
Einige Termitenarten, besonders solche in Afrika und Australien, bauen imposante oberirdische Hügel. Sie bestehen aus einer Mischung von Erde und Speichel. Millionen blinder Arbeiter bauen bis zu 6 Meter hohe Türme. Das Zentrum des Hügels ist dort, wo die Termiten arbeiten, der Rest ist ein Gewirr aus Luftschächten.

Arbeiter
Soldat
König
Königin

Termitenkasten
Wie bei anderen sozialen Insekten gibt es im Termitenstaat mehrere Kasten. Jede Kaste hat bestimmte körperliche Merkmale und übernimmt verschiedene Aufgaben.

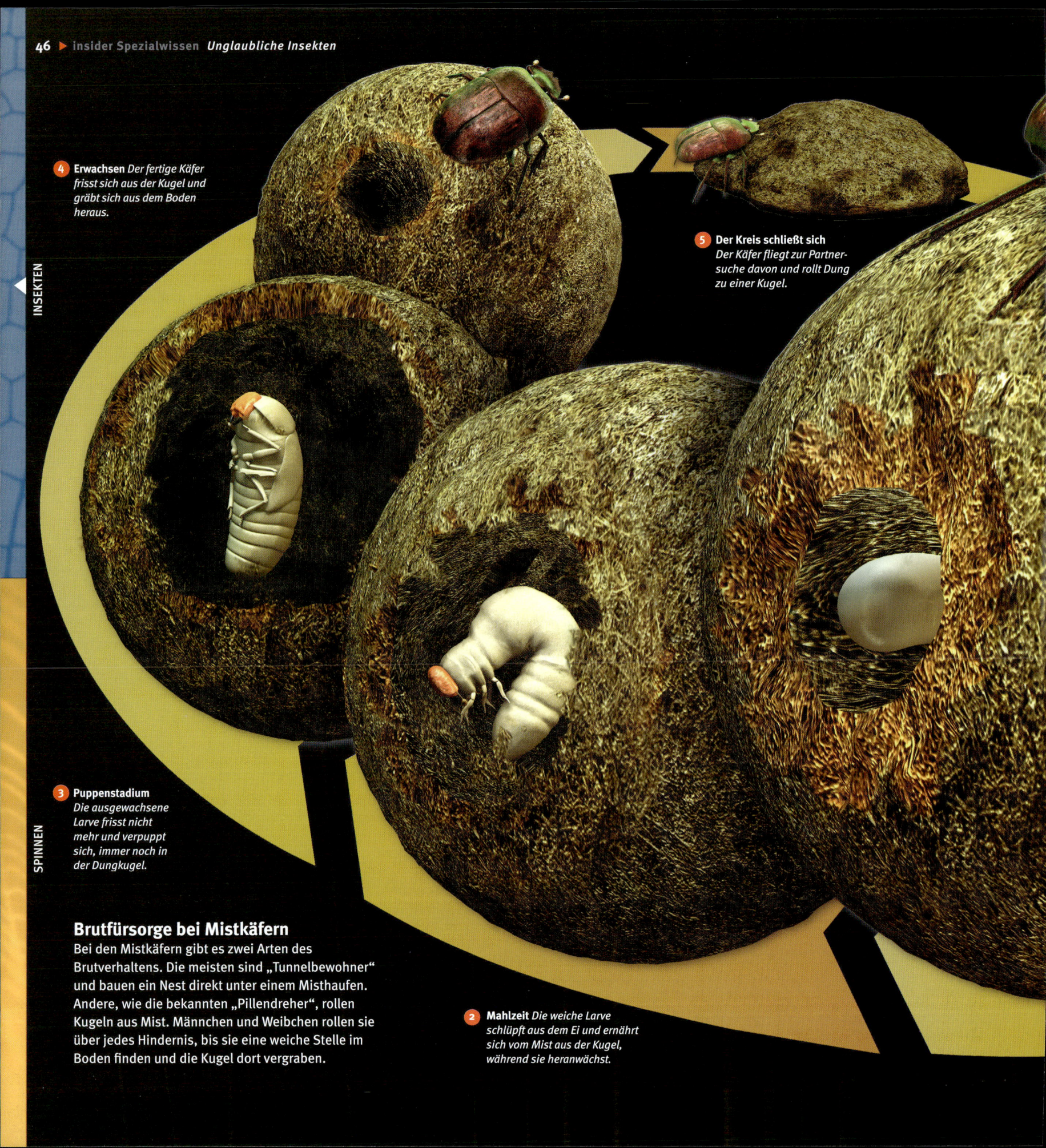

insider Spezialwissen *Unglaubliche Insekten*

4 Erwachsen *Der fertige Käfer frisst sich aus der Kugel und gräbt sich aus dem Boden heraus.*

5 Der Kreis schließt sich *Der Käfer fliegt zur Partnersuche davon und rollt Dung zu einer Kugel.*

3 Puppenstadium *Die ausgewachsene Larve frisst nicht mehr und verpuppt sich, immer noch in der Dungkugel.*

Brutfürsorge bei Mistkäfern

Bei den Mistkäfern gibt es zwei Arten des Brutverhaltens. Die meisten sind „Tunnelbewohner" und bauen ein Nest direkt unter einem Misthaufen. Andere, wie die bekannten „Pillendreher", rollen Kugeln aus Mist. Männchen und Weibchen rollen sie über jedes Hindernis, bis sie eine weiche Stelle im Boden finden und die Kugel dort vergraben.

2 Mahlzeit *Die weiche Larve schlüpft aus dem Ei und ernährt sich vom Mist aus der Kugel, während sie heranwächst.*

MISTKÄFER: DIE FAKTEN
VORKOMMEN: Im Boden lebend
NAHRUNG: Dung von Pflanzenfressern
GRÖSSE: 2–60 mm lang
ABGEBILDETE ART: *Gymnopleurus virens* (Afrika)

Leben mit einer Kugel: Mistkäfer

Mistkäfer leben fast nur von Mist oder Kot. Da sie Mist sammeln und im Erdboden verteilen, düngen sie den Boden und sind so nützlich für die Umwelt. Indem sie mit Schädlingen wie Fliegen, die auch Kot fressen, um Nahrung konkurrieren, reduzieren sie deren Anzahl. Sie gehören zur großen Käferfamilie der Skarabidäen. Die meisten Arten stammen aus Afrika, wo es viele große pflanzenfressende Säugetiere gibt, wie Elefanten, Büffel und Giraffen. Diese Tiere produzieren Riesenmengen an Kot, daher haben die Käfer immer genug zu fressen. Ausgewachsene Käfer haben weiche Mundwerkzeuge, und sie ernähren sich nur noch vom flüssigen Teil des Dungs. Die Fasern überlassen sie den Larven als Fraß. Bei manchen Arten fressen die ausgewachsenen Tiere gar nicht mehr.

1 Am Ball bleiben *Meist bringt das Männchen die Kraft zum Rollen der Kugel auf, während das Weibchen sich auf der Kugel befindet. Die Männchen müssen sich auch gegen Rivalen wehren, die die Kugel stehlen wollen. Sobald die Kugel in der Wohnröhre ist, legt das Weibchen ein Ei hinein.*

Skarabäus
Im alten Ägypten war der Käfer heilig. Er war das Zeichen des Gottes Chepre, der die Sonne täglich über den Himmel rollte, wie der Skarabäus die Mistkugel auf der Erde.

insider Spezialwissen *Unglaubliche Insekten*

TARANTULAFALKE: DIE FAKTEN
VORKOMMEN: Von Regenwäldern bis in die Wüsten
NAHRUNG: Nektar, Früchte (Imago); große Spinnen (Larven)
GRÖSSE: 14–50 mm lang
ABGEBILDETE ART: *Pepsis formosa* (Südwesten der USA)

Der Tarantulafalke

Die Weibchen dieser Wegwespenart sind die ärgsten Feinde der Taranteln. Das Wespenweibchen will die Spinnen aber nicht fressen oder töten, sondern Schlimmeres. Die Wespe benötigt den gelähmten lebenden Spinnenleib als Brutkasten und Futterquelle für ihre Jungen. Die Männchen sind ebenfalls aggressiv, aber nur zu anderen Männchen. Sie stecken ein Revier ab und verteidigen es. Der Stich dieser großen kräftigen Wespen ist überaus schmerzhaft. Mit ihrem dunkelblauen Körper, oft mit kontrastierenden orangeroten Flügeln, warnen sie andere Tiere. Trotz ihrer Angriffslust sind die ausgewachsenen Wespen Vegetarier und leben von Nektar und Früchten.

1 **Der Kampf beginnt** *Ein Tarantulafalkenweibchen ortet Spinnen mit seinem Geruchssinn. Wenn sie eine Wohnröhre wittert, lockt sie die Spinne heraus oder dringt ein. Die überrumpelte Spinne ist oft nur noch dazu in der Lage, eine Drohgebärde zu zeigen.*

Riesentöter

Der Tarantulafalke ist nur halb so groß wie seine Beute, aber sehr beweglich und stark. Für eine erspähte Tarantel gibt es kein Entrinnen.

5 Puppe *Wenn die Larve satt ist, verpuppt sie sich. Am Ende verlässt eine Wespe und keine Tarantel die Wohnröhre der Spinne.*

4 Larve *Nach wenigen Tagen schlüpft die Larve aus dem Ei, durchbohrt den Spinnenleib und saugt die Körpersäfte aus. Die fast ausgewachsene Larve kriecht in die Spinne und frisst die übrigen Organe. Die Spinne ist jetzt tot.*

3 Ei *Gelähmt, aber noch lebendig, wird die Spinne in ihre eigene Wohnröhre geschleift oder in ein neu gegrabenes Loch. Die Wespe legt ein einziges Ei auf der Spinne und verschließt das Loch.*

2 Lähmender Stich *Die Wespe ist sehr stark. Sie packt die Spinne an einem Bein und wirft sie auf den Rücken. Oder sie greift von der Seite an und spritzt Gift in eine weiche Stelle des Körpers, was die Spinne binnen Sekunden lähmt.*

insider Spezialwissen *Unglaubliche Insekten*

HEUSCHRECKEN: DIE FAKTEN
VORKOMMEN: Heiße Trockengebiete
NAHRUNG: Pflanzen, besonders Gräser
GRÖSSE: 10–100 mm
ABGEBILDETE ART: *Schistocerca gregaria* (Afrika, Naher Osten, Asien)

Plagegeister:
Heuschrecken

Heuschrecken nennt man Grashüpferarten, die unter günstigen Bedingungen riesige Schwärme bilden und auf ihrem Weg die ganze Vegetation kahl fressen. Der intensive Ackerbau hat den Heuschreckenplagen Vorschub geleistet. Doch schon vorher schwärmten Heuschrecken aus, es ist Teil ihres Überlebenskampfs. Sie verwüsten ganze Landstriche in Afrika, dem Nahen Osten, Zentralasien und Australien. In Nordamerika war die Felsengebirgsschrecke Ursache der schlimmsten Plage aller Zeiten. Seit 1902 wurde diese Art nicht mehr gesichtet. In Nord- und Südamerika leben noch heute einige recht harmlose Heuschreckenarten, die eventuell von der afrikanischen Wüstenheuschrecke abstammen.

Die achte biblische Plage
Früher hielt man Heuschreckenplagen für eine Strafe Gottes. Dieser Druck aus dem 15. Jahrhundert zeigt, wie Gott eine solche Plage schickt, um den Pharao dafür zu bestrafen, dass er die israelitischen Sklaven nicht ziehen lässt.

Plagegeister: Heuschrecken ◀ 51

Einfallende Schwärme
Schwärme der Wüstenheuschrecke suchen regelmäßig Nord- und Westafrika heim und verwüsten die Vegetation in den ärmsten Ländern der Welt. Von 2003 bis 2005 gab es ununterbrochen Schwärme, manche mit über 70 km Länge und Milliarden von Tieren.

WECHSELNDES AUSSEHEN

Einzelne Heuschrecken meiden einander. Wenn sie unter günstigen Bedingungen zahlreicher werden, ändern sie ihr Aussehen und ihr Verhalten. Das geschieht, wenn ihre Bevölkerungsdichte ansteigt und sie sich häufiger begegnen und zusammenstoßen.

Einzelgänger

Schwarmform

insider Spezialwissen *Atemberaubende Spinnen*

SPINNEN

INSEKTEN

Im Untergrund:
Falltürspinnen

Falltürspinnen bauen die raffiniertesten Fallen. Diese sind so geschickt konstruiert, dass vorbeikommende Beute wenig Chancen hat zu entrinnen, wenn sich die Luke hebt und die Spinne ihr argloses Opfer anspringt. Falltürspinnen leben in Wohnröhren, die sie mit ihren Kieferklauen ausgraben und mit Spinnseide auskleiden, um die Wände zu verstärken und eine gleichmäßige Temperatur zu schaffen. Weibchen leben bis zu 20 Jahre in derselben Wohnröhre. Ausgewachsene sind sie erst nach mehreren Jahren. Männchen sind kleiner als Weibchen. Ausgewachsene Spinnenmännchen verlassen die Wohnröhre auf der Suche nach Weibchen und sterben kurz nach der Paarung.

FALLTÜRSPINNEN: DIE FAKTEN
VORKOMMEN: In Wohnröhren im Boden lebend
NAHRUNG: Insekten und andere Wirbellose, kleine Eidechsen
GRÖSSE: 35 mm (Weibchen), 25 mm (Männchen) Körperlänge
ABGEBILDETE ART: *Myrmekaphila fluviatilis* (Südosten der USA)

Falltürbauplan Die Deckel der Wohnröhre variieren von einer einfachen Seidenklappe bis zu kunstvollen, mit Seide verstärkten Falltüren samt Seidenscharnier. Die Oberseite ist meist getarnt. Manche Arten spannen Seidenstolperfäden strahlenförmig vom Röhreneingang aus. Andere bauen gar keine Tür.

Erwischt! Sie hat das Überraschungsmoment auf ihrer Seite. Es geht blitzschnell. Die Luke hebt sich, und die Spinne springt das arglose Opfer an, das sie schnell tötet und in die Röhre zieht.

SCHLUPFLOCH
Falltürspinnen haben natürliche Feinde wie Tausendfüßler und parasitäre Wespen. Für diesen Fall haben die Spinnen einen Fluchtplan. Sie bauen falsche Böden und Notausgänge in die Röhre sowie Seitenschächte, die sie mit einer inneren Falltür verschließen.

Im Untergrund: Falltürspinnen 53

Beutealarm Die Falltürspinne erkennt an den Erschütterungen ein Tier, das genau die richtige Größe für eine Mahlzeit hat.

Leben im Untergrund

Die Welt eines Falltürspinnenweibchens ist sehr beschränkt. Nachdem es mit dem Bau des eigenen Netzes beginnt, verlässt es seine seidenverkleideten Wände nur kurz, um Beute zu machen oder zur Paarung. Von der Außenwelt bekommt es lediglich die Erschütterungen der Tiere mit, die vor seiner Haustür vorbeiziehen. Aus diesen Signalen kann es zwischen möglicher Beute, Paarungspartner oder Fressfeind unterscheiden.

Babynahrung Ein Falltürspinnenweibchen legt Eier in einen seidenen Eikokon in der Wohnröhre. Frisch geschlüpfte Junge bleiben monatelang in der Röhre und werden von der Mutter gefüttert.

SPINNEN

Die Lassowerfer: Bolaspinnen ◂ 55

Die Lassowerfer: Bolaspinnen

Die Bola- oder Lassospinnen fangen ihre Beute nach Art der Gauchos oder Cowboys ein. Natürlich wollen sie nicht Kühe fangen, sondern Insekten. Ihre Waffe ist ein klebriger Tropfen (= span. *bola*) an einem Fangfaden, den sie an ihren Hinterbeinen baumeln lassen. Sie sind nachtaktiv und lauern Motten und Nachtfaltern auf. Wenn sich eine Motte nähert, schwingen sie den Tropfen hin und her und fangen die Beute mit dem Faden. Die Bola besteht aus einem Seidenfaserknäuel, das durch klebrigen Leim zusammengehalten wird und mit dünnflüssigem Leim überzogen ist. Daran kleben Körper und Flügel der Motte fest. Um den Fangerfolg noch zu erhöhen, verströmt der Leim außerdem einen Duft, der den Mottenmännchen die Anwesenheit eines Weibchens vorgaukelt.

Nächtliche Jagd

Das Weibchen von *Ordgarius magnificus* hat einen farbenfrohen Hinterleib. Am Tag versteckt es sich in Blättern, die mit Seide zusammengebunden sind, nachts lockt es Mottenmännchen mit der baumelnden Bola. Amerikanische Bolaspinnen spinnen die Bola mit den Vorderbeinen, die australischen im Bild mit dem zweiten Beinpaar.

BOLASPINNEN: DIE FAKTEN

VORKOMMEN: Bäume und hohe Sträucher
NAHRUNG: Motten und Nachtfalter
GRÖSSE: 15 mm lang (Weibchen); 2 mm lang (Männchen)
ABGEBILDETE ART: *Ordgarius magnificus* (Ostaustralien)

Entwicklung der Bola

Bolaspinnen gehören zur Familie der Radnetzspinnen. Mit der Zeit bildeten sie das typische Radnetz auf einen einzigen Klebefaden zurück. Die Phasen der Rückbildung kann man an den Netzen anderer Radnetzspinnen sehen.

1. Stadium *Das typische Radnetz ist symmetrisch und bekommt Halt durch Rahmenfäden an den Enden.*

2. Stadium *Diese Spinne begnügt sich mit einem Dreiecksnetz, das weniger Arbeit macht.*

3. Stadium *Dieses Netz ist wie eine Leiter mit hängenden Sprossen aus klebriger Seide.*

4. Stadium *Die Bolaspinne hält sich an den restlichen Rahmenfäden fest und lässt einen klebrigen Fangfaden hängen.*

56 insider Spezialwissen *Atemberaubende Spinnen*

SPINNEN

INSEKTEN

Mit Taucherglocke:
Wasserspinne

Viele Spinnen leben am Wasser, manche können auf dem Wasser laufen, andere leben ständig unter Wasser. Die Wasserspinne lebt in einer Luftglocke unter der Wasseroberfläche seichter Seen und Teiche. Zum Bau der Glocke verankert die Spinne ein gekrümmtes Seidenpolster an Wasserpflanzenstängeln. Dann holt sie Luftblasen von oben hinein. Das Männchen ist größer als das Weibchen, was für Spinnen ungewöhnlich ist. Es baut seine Glocke neben der eines Weibchens und verbindet die beiden durch einen Tunnel. Nach der Paarung legt das Weibchen etwa 50 Eier in einen Kokon, der im Dach seiner Glocke liegt.

WASSERSPINNEN: DIE FAKTEN
VORKOMMEN: **Teiche, Gräben, langsam fließende Bäche, seichte Seen**
NAHRUNG: **Wasserinsekten, Kaulquappen, kleine Fische**
GRÖSSE: **13 mm Körperlänge**
WISSENSCHAFTLICHER NAME: *Argyroneta aquatica*

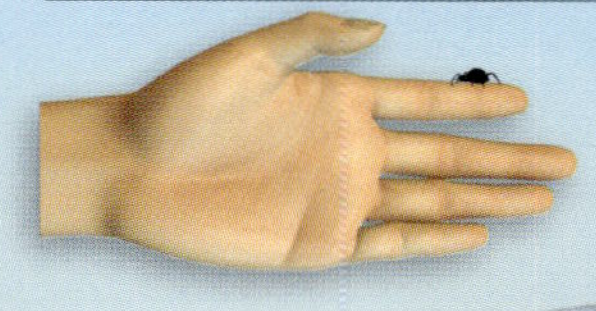

Leben im Wasser
Der wissenschaftliche Name der Wasserspinne ist *Argyroneta aquatica*. Argyroneta bedeutet Silbernetz, und so sieht die Glocke unter den Kräuselwellen im Teich auch aus.

Luft schnappen Damit die Glocke genug Luft enthält, tauchen Wasserspinnen auf und sammeln Luftblasen in den Haaren auf Hinterleib und Hinterbeinen. In der Glocke setzen sie die Blasen frei.

Mit Taucherglocke: Wasserspinne ◀ 57

Tödliche Taucher Wasserspinnen jagen Wasserinsekten, Krebstiere, Kaulquappen oder Fische, die sich der Glocke nähern. Sie unternehmen auch Jagdexpeditionen, bei denen sie mit einem dünnen Luftfilm um ihren Hinterleib atmen. Die Beute fressen sie immer in der Glocke. Wasserspinnen werden selbst Beute von Fischen, Fröschen und Reptilien.

insider Spezialwissen *Atemberaubende Spinnen*

Hüpfer auf acht Beinen: Springspinnen

Springspinnen sind die größte Gruppe unter den Webspinnen. Sie fangen ihre Beute nicht im Netz, sondern pirschen sich an ihre Beute und springen sie aus nächster Nähe an. Sie haben kräftige Hinterbeine, und ein Sprung kann das 50-fache ihrer Körperlänge weit sein. Springspinnen erkunden ihre Umwelt und passen ihre Jagdmethoden der Situation an. Anders als andere Spinnen jagen sie am Tag. Wie alle Spinnen verwenden sie einen Seidenfaden, den sie am Boden festmachen, falls sie bei der Verfolgung abstürzen oder fliehen müssen. Springspinnen können gut sehen. Die Männchen mancher Arten haben farbenfrohe Körper, die sie vor den Weibchen in Balztänzen zur Schau stellen.

SPRINGSPINNEN: DIE FAKTEN

VORKOMMEN: Weltweit, ausgenommen die Polarregionen
NAHRUNG: Insekten und Spinnen
GRÖSSE: 2–22 mm
ABGEBILDETE ART: *Evarcha culicivora* (Ostafrika)

Mit Argusaugen

Die großen mittleren Augen sind scharf wie ein Teleobjektiv (rot); das vordere seitliche Paar wirkt wie ein Fernglas zum Einschätzen der Entfernung (orange). Und die Seitenaugen registrieren mit Weitwinkelblick Bewegungen (gelb).

Vampir

Mindestens eine Spinnenart mag Menschenblut, es ist die Springspinne *Evarcha culicivora*, die rund um den Viktoriasee in Afrika vorkommt. Mit ihren scharfen Augen erkennt sie Moskitos, die gerade Blut gesaugt haben. Sie schleicht sich an die Beute heran und springt ihr auf den Rücken. Der Moskito ist bald gelähmt, und die Spinne saugt ihm das Blut aus dem Körper.

Scharfblick und Rundumsicht

Springspinnen können von allen Wirbellosen am besten sehen. So können sie ihrer Beute auflauern und ihren todbringenden Sprung genau berechnen. Ihre Augen sitzen vorn und seitlich am Kopf. Das große vordere Augenpaar kann wie ein Teleobjektiv Einzelheiten fokussieren und Farben erkennen.

Insekten und Spinnen: Familien

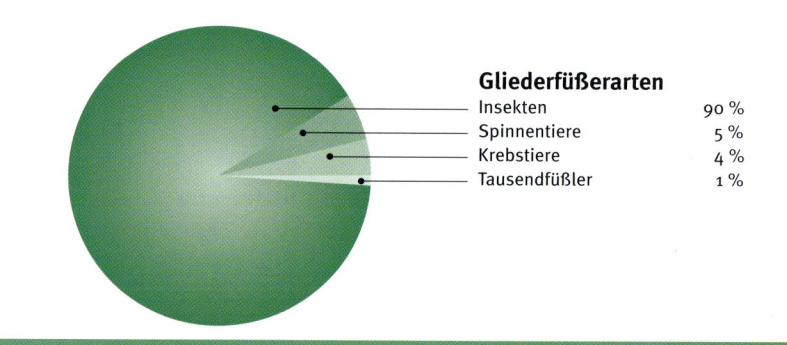

Übersicht: Familien der Insekten und Spinnen

Gliederfüßerarten
- Insekten — 90 %
- Spinnentiere — 5 %
- Krebstiere — 4 %
- Tausendfüßler — 1 %

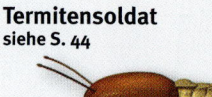

Gliederfüßer

↓ Insekten

Käfer

Marienkäfer
siehe S. 12 f.

- Schnabelkerfe

Zikade
siehe S. 16 f.

Baumwanze
siehe S. 23

- Libellen

Libelle
siehe S. 20 f.

Fliegen

Stubenfliege
siehe S. 42 f.

- Stabheuschrecke

Stabheuschrecke
siehe S. 23

- Gottesanbeterin

Orchideen-Gottesanbeterin
siehe S. 23

- Heuschrecken/Grashüpfer/Grillen

Wüstenheuschrecke
siehe Seite 50 f.

Schmetterlinge

Monarchfalter
siehe S. 40 f.

Blauer Morphofalter
siehe S. 18 f.

Abendpfauenauge
siehe S. 23

- Termiten

Termitensoldat
siehe S. 44

Termitenarbeiter
siehe S. 44

Wespen/Bienen/Ameisen

Deutsche Wespe
siehe S. 8 f.

Honigbiene
siehe S. 24 f.

Blattschneiderameise
In Mittelasien und Südamerika züchten diese Ameisen Pilze, von denen sie sich ernähren.

- Schaben

Kakerlake
siehe S. 15

Insekten und Spinnen: Familien ◀ **61**

Klassifizierung der Gliederfüßer

Arten werden in Gruppen danach eingeteilt, wie nah sie miteinander verwandt sind. Mitglieder jeder Gruppe kann man anhand gemeinsamer Körpermerkmale erkennen. So organisieren Wissenschaftler das Wissen von der Vielfalt des Lebens.

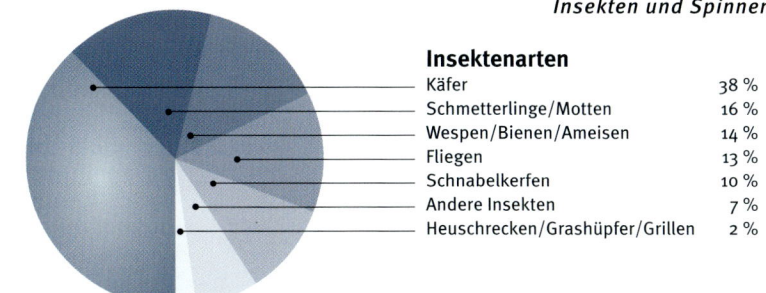

Insektenarten

Käfer	38 %
Schmetterlinge/Motten	16 %
Wespen/Bienen/Ameisen	14 %
Fliegen	13 %
Schnabelkerfen	10 %
Andere Insekten	7 %
Heuschrecken/Grashüpfer/Grillen	2 %

- Krebstiere
- Spinnentiere ▼
- Tausendfüßler

- Zecken/Milben
- Weberknechte
- Spinnen ▼
- Skorpione
- Pseudoskorpione

- Springspinnen
- Radnetzspinnen
- Wolfsspinnen
- Krabbenspinnen
- Vogelspinnenartige

Springspinne
siehe S. 58 f.

Bolaspinne
siehe S. 54 f.

Floß- oder Listspinne
siehe S. 32

Krabbenspinne
siehe S. 34

Falltürspinne
siehe S. 28 f., 52 f.

- Riesenkrabbenspinnen
- Wasserspinnen

Riesenkrabbenspinne
siehe S. 35

Radnetzspinne
siehe S. 30 f., 35

Wolfsspinne
siehe S. 36

Wasserspinne
siehe S. 56 f.

Tarantel
siehe S. 48 f.

Glossar

Aasfresser Ein Tier, das sich von toter organischer Materie wie Essensresten, Kadavern, Mist und abgeworfener Haut ernährt.

Anpassung Veränderungen in einer Art im Lauf von Jahrtausenden oder Jahrmillionen, die ihr das Überleben in einer Umgebung ermöglichen. So können Krabbenspinnen die Farbe der Blüte annehmen, auf der sie sitzen, um ihre Beute zu täuschen.

Antennen Die zarten Fortsätze am Kopf des Insekts, mit dem es riecht, tastet oder hört. Insekten haben zwei Antennen, die lang oder kurz sein können, es gibt dünne, gegabelte oder fiedrige.

Art Eine Gruppe von Tieren oder Pflanzen mit gemeinsamen Merkmalen, die sich untereinander fruchtbar fortpflanzen kann.

Atemloch Das Insekt nimmt Luft durch Löcher an den Körperseiten auf und gibt Kohlendioxid ab. Insekten haben zwei bis elf Atemlochpaare. Spinnen haben auch Atemlöcher, die in ihre Fächertracheen führen.

Außenskelett Das harte äußere Skelett eines Gliederfüßers. Es ist ein zäher, gelenkiger Panzer aus Chitin und gehärtetem Protein, das die Muskeln unterstützt und weiche innere Organe schützt.

Ballooning Methode, mit der junge Spinnen weite Entfernungen zurücklegen. An einem Seidenfaden hängend lassen sie sich vom Wind forttragen.

Beute Tiere, die von anderen Tieren gefressen werden.

Brustkorb Der mittlere Abschnitt eines Insektenkörpers mit den Muskeln, die Flügel und Beine bewegen.

Chitin Das leichte und doch feste Material, aus dem das Außenskelett und die Flügel des Insekts bestehen.

Drüse Ein Organ, das Sekrete wie Gift oder Seide ausscheidet.

Eikokon Spinnenweibchen weben diesen Seidenüberzug für die Eier, um sie vor der Umwelt und dem Austrocknen zu schützen.

Evolution Der allmähliche Wandel der Organismen, der sich im Lauf von Jahrtausenden oder Jahrmillionen vollzieht, während sie sich an veränderte Umweltbedingungen anpassen.

Gift Chemikalie, die einem anderen Tier injiziert wird, um es zu töten oder zu lähmen oder einen Angriff abzuwehren.

Gliederfüßer Tier mit Gliederbeinen und einem mehrteiligen Leib, der von einem Außenskelett überzogen ist.

Häutung Insekten und Spinnen werfen alte Außenskelette ab, sie „häuten sich", wenn sie wachsen.

Hinterleib Hinterer Abschnitt des Insekten- oder Spinnenkörpers mit dem Verdauungs- und Atmungssystem und Fortpflanzungsorganen.

Imago Ausgewachsenes, geschlechtsreifes Insekt.

Kaste Gruppe von Tieren in einem Staat, die bestimmte Aufgaben übernimmt. Termiten und Wespen, Bienen und Ameisen sind soziale Insekten, die in Staaten leben. Zu den Kasten gehören die einzelnen Tiere, die sich fortpflanzen, Königin und König und die unfruchtbaren Arbeiterinnen und Soldaten.

Kokon Eine schützende Hülle, oft aus Seide. Manche Insekten schützen ihre Puppen durch einen Kokon. Spinnen legen auch ihre Eier in einen Seidenkokon.

Komplexauge Das Hauptaugenpaar eines Insekts, bestehend aus einer Vielzahl von Einzelaugen. Komplexaugen können Formen und Farben unterscheiden und reagieren auf jede Bewegung.

Kontrahieren Bezeichnet das Zusammenziehen und Anspannen der Muskeln. Das Substantiv lautet Kontraktion.

Kopfbruststück Kombiniertes Kopf- und Brustsegment der Spinnen. Die Giftzähne, Pedipalpen und acht Beine sind damit verbunden. Dort befinden sich auch das Gehirn, die Giftdrüsen und der Saugmagen.

Larve Die unreifen Stadien der Insekten, die ganz anders aussehen als ihre Eltern und die sich vollkommen verwandeln, um erwachsen zu werden. Raupen und Maden sind Larven.

Legeapparat Bei Insektenweibchen eine Röhre an der Spitze des Hinterleibs für die Eiablage. Bei der Biene hat sie sich zum Stachel entwickelt.

Made Die beinlosen Larven einiger Fliegen.

Made oder Larve Stadium einer Ameise, Biene, Wespe oder eines Käfers. Meist haben sie keine Beine. Maden mit Beinen können Raupen ähneln.

Metamorphose Auch Verwandlung genannt. Insekten verändern beim Heranwachsen ihre Gestalt entweder durch eine vollständige oder unvollständige Verwandlung.

Migration Wanderung einer Gruppe von Tieren, die von einer Region in eine andere ziehen, meist um zu einer bestimmten Zeit zu brüten oder Futter zu suchen. Manche Schmetterlinge reisen Tausende Kilometer, während manche winzige Käfer und Springschwänze nur ein paar Zentimeter vorrücken, um kalte Bodentemperaturen zu meiden.

Mimikry Eine Anpassung, wodurch ein Tier ein anderes nachahmt. Insekten und Spinnen können Angreifern vortäuschen, sie seien gefährlich oder giftig, um nicht gefressen zu werden.

Nymphe Die jungen Stadien von Insekten, die ihren Eltern ähneln und die eine unvollkommene Verwandlung durchlaufen, um erwachsen zu werden, ohne durch ein Puppenstadium zu gehen.

Ocellen Kleine, lichtempfindliche Augen. Viele Insekten haben drei Ocellen oben auf dem Kopf, die ihnen helfen, beim Kampf das Gleichgewicht zu halten. Nachtinsekten erkennen durch sie den Eintritt der Dunkelheit.

Ordnung Eine große Gruppe von verwandten Pflanzen oder Tieren. Insekten werden in 30 verschiedene Ordnungen eingeteilt, jede mit bestimmten gemeinsamen Merkmalen. Spinnen zählen zu nur einer Ordnung innerhalb der Spinnentiere. Eine Ordnung ist in kleine Untergruppen eingeteilt wie Familien, Gattungen und Arten.

Organismus Jedes Lebewesen, Tier, Pflanze, Pilz oder Mikrobe.

Parasit Ein Organismus, der sich von einem anderen Organismus ernährt, einem Wirt, meist ohne diesen zu töten, aber ihm dennoch Schaden zufügend.

Pedipalpen Sinnesorgan der Spinne. Eine Spinne hat zwei Pedipalpen oder Kiefertaster vorne an ihrem Vorderkörper, mit denen sie tastet, schmeckt und riecht. Spinnenmännchen verwenden auch veränderte Taster, um bei der Paarung Sperma ins Weibchen zu übertragen.

Puppe Stadium, in dem ein Insekt sich in ein erwachsenes Tier verwandelt. Im Puppenstadium verschwinden die jugendlichen Körperteile, und erwachsene Merkmale treten zutage.

Räuber Ein Tier, das andere Tiere frisst.

Raupe Larvenstadium der Schmetterlinge und Motten.

Rüssel Die schlauchförmigen Mundwerkzeuge, mit denen viele Insekten flüssige Nahrung saugen.

Schwarm Eine große Anzahl von Insekten wie Bienen oder Heuschrecken, die gemeinsam auf Futtersuche gehen, sich paaren oder einen Ort zum Nestbau suchen.

Soziales Insekt Ein Insekt, das mit Artgenossen in einem Staat lebt. Sie betreiben gemeinsame Brutpflege, halten das Nest sauber, suchen Futter. Ameisen, Termiten und manche Bienen und Wespen sind soziale Insekten.

Spinnentier Achtbeiniger Gliederfüßer. Zu den Verwandten der Spinnen gehören Skorpione, Weberknechte, Zecken und Milben.

Spinnwarzen Zwei bis sechs Fortsätze an der Spitze des Spinnenhinterleibs. Verschiedene von der Spinne erzeugte Seidenarten treten dort aus. Drüsen an der Spitze der Warzen spinnen daraus die Fäden.

Staat Eine Gruppe von Tieren derselben Art, die zur Arterhaltung in einer Gemeinschaft leben und arbeiten. Die Bewohner eines Ameisennestes, eines Termitenhügels oder Bienenstocks sind alle Beispiele für Insektenstaaten.

Tarnung Manche Tiere tarnen sich so mit Farben und Mustern, dass man sie nicht von ihrer Umgebung unterscheiden kann. Insekten und Spinnen tarnen sich als Blätter, Borke oder Blüten, um weder von Fressfeinden noch von möglicher Beute gesehen zu werden.

Trachee Eine Luftröhre. Menschen und Landwirbeltiere haben nur eine, die in die Lunge führt. Insekten und manche Spinnen haben ein ganzes Netz von Luftröhren, die Sauerstoff im ganzen Körper verteilen.

Unvollständige Verwandlung Eine von zwei Entwicklungsarten von Insekten. Die jugendlichen Stadien ähneln schon dem ausgewachsenen Tier und heißen meist Nymphen. Während der Verwandlung ins ausgewachsene Tier entwickeln sich Flügel, und die Geschlechtsreife tritt ein.

Vollständige Verwandlung Eine von zwei Möglichkeiten, wie sich ein Insekt zu einem ausgewachsenen Tier entwickelt. Das Insekt wechselt von der Larve zur Puppe zum Erwachsenenstatus. Die Larve sieht ganz anders aus als das Tier und verändert ihre Form im Puppenstadium sehr stark, bevor das voll entwickelte Insekt herauskommt.

Winterstarre Ruhezeit in den kalten Wintermonaten. Wie Bären überwintern auch viele Insekten reglos. Sie überwintern als Eier, Larven, Puppen oder ausgewachsene Tiere.

Wirbellose Tiere ohne Wirbelsäule. Manche Wirbellose wie Würmer und Quallen haben weiche Körper, aber andere wie die Gliederfüßer werden von ihren harten Außenskeletten geschützt.

Wirbeltier Tiere mit einer Wirbelsäule, also Fische, Reptilien, Vögel und Säugetiere.

Wissenschaftlicher Name Der Name, den Wissenschaftler einer bestimmten Art geben. Jede Art erhält einen zweiteiligen Namen. Der erste Teil beginnt mit einem großen Buchstaben, und beide werden kursiv gedruckt.

Zugleine Ein festgehefteter Seidenfaden, den eine Spinne beim Laufen hinter sich herzieht. Sie dient als Sicherheitsleine, wenn die Spinne herunter- oder aus dem Netz fällt. Sie findet damit auch den Weg zurück.

Register

A
Abendpfauenauge 23
Allergische Reaktionen 26
Ameisenlöwen 15
Ameisennester 24
Antennen 8, 10
Atmungssystem, Insekt 9
Augen 8, 10
    Komplex 8, 10 f., 58 f.
    Ocellen 8
    Querschnitt 10
    Springspinne 58 f.

B
Baldachinnetz 31
Baumwanze 23
Bestäubung 26
Bettwanze 15
Beweglichkeit 12 f.
Bienen 24 f., 26
    Schwänzeltanz 24
    Sehvermögen 24
Bienenkönigin 25
Bienenstock 24 f.
Blauer Morphofalter 18 f.
Blütenfallen 33
Bolaspinne 54 f.
Bombardierkäfer 22 f.
Bremse 10 f.
Brustkorb, Insekt 8

D
Deutsche Wespe 8 f.
Dolophones sp. 34
Dreiecksnetz 31
Drohnen 25

E
Eier 17, 18, 24, 36, 53
    Bienen 17, 24
    Florfliegen 17
    Kakerlaken 17
    Käfer 17
    Spinnen 36, 53
    Zikaden 17

F
Falltürspinnen 28 f., 52 f.
Familien 60 f.
Fleischfresser 14
fliegen 12 f.
Fliegen
    Stubenfliege 42 f.
Floh 12
Florfliegen 15
    Eistiel 17
Floßspinne 32
Flügel 9, 13
Flugmuskeln 13
Fortpflanzung 16 f.
Fortpflanzungssystem, Insekt 9
Fressen 14 f.

G
Geruch 10
Gerüstnetz 31
Giftdrüse 9
Gliederfüßer 8, 28, 60 f.
Gottesanbeterin 14 f.
Grashüpfer siehe Heuschrecken
Größe 8

H
Haare 11 f.
    der Vogelspinne 34
Heuschrecken 50 f.
    achte biblische Plage 50
    Einzelgänger 51
    Schwarmverhalten 50, 51
    Wüsten- 51
Hinterleib, Insekten 9
Hirschkäfer 16, 18
Höhlenspinnen 31
Hornissennest 24

I
Imago 18
Indischer Blattfalter 18
Insektenstaaten 24 f.
    Kasten 24
Insektizide 42

J
Jagdspinnen 32 f.

K
Käfer 12 f., 22 f.
Kescherspinne 32
Köcherfliege 18
    Larven 21
Krabbenspinne 32, 33, 34

L
Larve 18
    Bienen 24
Laubheuschrecke 23
laufen, Insekt 13
Laus
    Antennen 10
Lebenszyklus, Insekt 16 f.
Libellen
    Eier und Larven 21
    Paarung 20

M
Malariaparasit 27
Marienkäfer 12 f., 18 f.
Maulwurfsgrille 12
Metamorphose 17, 18 f.
Migration 40, 41
Mimikry 22 f.
    Wespenspinne 34
Mistkäfer 46 f.
    altägyptischer Skarabäus 47
    ausgewachsene 46 f.
    Brutpflege 46
    Puppenstadium 46
    Zyklus 46
Monarchfalter 40 f.
    Eier 41
    Flügelschuppen 40
    Komplexaugen 40
    Migration 40, 41
    Nahrung 40 f.
    Raupen 41
Mückenfloß 17
Mücken und Moskitos 20, 26, 58
    Antennen 10
    Larven 21
    Malariaerreger 27
    Puppen 21
    Rüssel 26

N
Nervensystem 9
Nester 24
Netze 30 f.
    Fresspakete 31
    Typen 31
Nymphe 17

O
Orchideen-Gottesanbeterin 23

P
Parasiten 26 f.
Puppen 18
    Bienen 25

R
Radnetzspinnen 30 f., 34, 37, 55
    Netzbau 31
Raubspinne 37
Raupe 15, 18
Riesenkrabbenspinne 32, 35
Riesenvogelspinnen 33
Röhrenspinne 36
Ruderschwimmer 12

S
Schabe 15
    Eihülle 17
Schmetterlinge 18 f.,
    Antennen 10
    Entpuppung 19
Monarchfalter 40 f.
Schwärmer 15
Schwefelfalter 18
Schwimmkäfer 21
Sechsaugenspinne 32
Sehvermögen, Insekt 10
    Springspinne 58 f.
Seide 26, 30, 58
    Drüse 28
    Stolperfäden 52
Seidenspinner 26
Sinne, Insekt 10 f.
Sinnesorgane, Insekt 10 f.
Späherbienen 24
Spanner 12
Speicheldrüsen, Insekt 9
Spinnen 28 ff.
    Augen 28
    Altweibersommer 36
    Ballooning 36
    Beine 29, 30
    Bolas 54 f.
    Brautwerbung 37
    Eier 36
    Fächertracheen 28 f.
    Falltür- 52 f.
    Familien 60 f.
    Gehirn 28
    Giftdrüse 28
    größte 33
    Herz 28
    Hinterleib 29
    jagen 32 f.
    Jungspinnen 36
    Kieferklauen 28, 29
    Klauen 29
    Körper 28 f.
    Lebenszyklus 36 f.
    Mitteldarm 28
    Netze 30 f.
    Pedipalpen 29
    Radnetzspinnen 30 f., 37, 55
    Saugmagen 28
    Sicherheitsfäden 35
    Spinnwarzen 28, 30
    Springspinnen 58 f.
    Tarnung 34
    Verteidigung 34 f.
Spinnentiere 38 ff.
    Familien 60 f.
Spinnenwespe (Tarantulafalke) 48 f.
    Angriff 48
    Lebenszyklus 49
Springspinne 58 f.
Stabheuschrecke 23
Stubenfliege 42 f.
    Beine 43
    Eier 42
    Flügel 43
    Rüssel 43
    Sauger 43
    Sehvermögen 43

T
Tarantel 58 f.
Tarantulafalke 48 f.
Tarnung 22 f., 33, 34
Tarnung und Mimikry 22 f. 34
Taucherglocke 56 f.
Taumelkäfer 21
Termiten 44 f.
    Eier 45
    Hügel 44 f.
    Kaste 45
    Keller 45
    Königinkammer 45
    Kühlschächte in Hügeln 44
    Nahrung 44, 45
    Pilzzucht 45
    Raubtiere 45
    Soldaten 44
    Staaten 44
    Zellulose 44, 45

V
Verdauungssystem, Insekt 9
Verteidigung
    Spinnen 34 f.
Verwandlung 17, 18 f.
Vogelkotspinne 34
Vogelspinnen 28, 33

W
Wasserinsekten 20 f.
Wasserkäfer 12
Wasserläufer 20
Wasserspinne 56 f.
Weiße Baumnymphe 18
Wespe 8 f
Wespen mimende Spinne 34
Wespenstiche 26
Wohnröhrenspinnen
    Falltürspinnen 52 f.
Wolfsspinne 36

Z
Zikaden 16 f.
    ausgewachsene 17
    Leben im Boden 17
    Nymphen 17
Zweiflügler 42

Bildnachweis

ILLUSTRATIONEN
Umschlagvorderseite Leonello Calvetti;
Umschlagrückseite Leonello Calvetti ur;
MBA Studios M; (The Art Agency) Jürgen Ziewe ol;
Leonello Calvetti 8 f., 24 f., 42 f., 48 f.; ***.tina draempaehl** 26 f.,
MBA Studios 10 f., 28–37, 50–59; **Steve Hobbs** 12–17, 20 ff., 26 u, 40 ff., 44 ff.; **(The Art Agency) Jürgen Ziewe** 18 f.

KARTEN
Andrew Davies; Map Illustrations

FOTOS
Ml=Mitte links; Mr=Mitte rechts; ul=unten links; uMl=unten Mitte links
ur=unten rechts

CBT=Corbis; GI=Getty Images; PL=photolibrary.com

11uMl, **Ml** PL; **16**ul PL; **26**or CBT; **30**Mr PL; **40**uMl, **Ml** PL; **47**ur GI; **50**ul PL